키워드로 잡는
2022 개정 교육과정

키워드로 잡는

2022
개정 교육과정

2022 개정
교육과정
문해력 UP!

교사
교육과정 설계
전문성 UP!

"선생님에게 교육과정은 무엇입니까?"

국가 교육과정은 1954년 1차 교육과정부터 2022 개정 교육과정까지, 경남의 교육과정은 지역의 특수성을 담아 지침에서 총론 체제로 많은 변화가 있었습니다.

수차례 개정에도 교육과정이 가지는 변하지 않는 가치는 수업과 평가, 기록과 학교의 모든 교육활동의 설계도라는 점입니다.

교육과정이 '선언'에 그치지 않고 학교와 교실에서 실제로 작동하고 살아 있는 문서가 되는 것은 선생님의 전문성에 달려 있습니다. 이 책이 5년여 학교 밖 전문적 학습 공동체로 모여 교육과정을 토론하고 연구한 결과물이어서 더 의미 있게 다가옵니다.

모든 선생님의 모든 교육과정을 지지하고 응원합니다.

경상남도교육청 초등교육과 장학관
김성미

파울로 코엘료의 소설 《연금술사》는 주인공인 산티아고가 자아를 찾아가는 여정을 그리고 있습니다. 험난한 모험의 여정 속에서 주인공이 보여 주는 알 수 없는 미래에 대한 고민과 번뇌, 반복되는 도전과 실패를 마주하는 용기, 사람들과의 만남과 경험을 통한 배움은 교사의 성장과 닮아 있습니다.

교육과정에 대한 이야기는 '무엇을 어떻게 가르칠 것인가'에 대한 우리 사회의 고민에서 출발하여, 선생님들의 수업을 통해 아이들의 배움과 성장까지 나아가는 여정의 순환이라고 생각합니다. 그 여정을 가능하게 하는 힘은 선생님들의 전문성이고, 그 전문성은 함께 연구하고 실천할 때 지속 가능하고, 깊어질 것입니다. 2022 개정 교육과정은 국가 교육과정 개발과 연구 과정 전반에서 현장의 전문성과 의견을 충실히 담아내고자 하였습니다. 새 교육과정 적용을 앞둔 새로운 출발점에서, 이 책이 많은 선생님께 도움이 되기를 바라는 마음으로 추천해 드립니다.

산티아고가 여정의 끝에서 자아를 찾는 보물을 얻듯이, 새 교육과정이 가르치는 일의 자존성을 온전히 하는 데 도움이 되기를, 무엇보다 아이들에게 의미 있는 배움에 숨결을 불어넣을 수 있기를 기대합니다.

교육부 연구사
박민선

지도를 보는 습관이 있습니다. 낯선 도시로 여행을 가면, 한참 동안 관광 안내도를 바라봅니다. 지리산 종주를 했을 때도 길을 나서기 전 지도를 먼저 펼쳤습니다. 여행을 가거나 산을 오르면서도 중간중간 지도가 있으면 잠시나마 발길을 멈춥니다. 내가 있는 곳이 어딘지, 또 가야 할 곳이 어딘지 궁금했습니다. 지도를 보다 보면 머릿속에 그림이 그려집니다. 뒤엉켜 있던 장소들이 하나둘 정리가 됩니다.

2022 개정 교육과정이 이제 곧 적용됩니다. 새로운 길이 생겼습니다. '학생주도성', '생태전환', '디지털 소양' 등 다양한 키워드가 보입니다. 평소처럼 지도를 펼쳐 듭니다. 다소 엉켜 있던 키워드들이 가지런히 정리됩니다. 저에게 그랬듯이 이 책이 2022 개정 교육과정과 함께할 많은 분에게 좋은 지도가 되리라 생각합니다. 한 번 보고 덮어 두기보다는, 옆에 두고 갈림길을 만나면 잠시 앉아 다시 펼쳐 보길 기대합니다.

새로운 길에서 방향을 안내해 주는 좋은 지도가 있어서 감사합니다. 그리고 또 혼자 가는 길이 아니라 참 다행입니다. 좋은 안내를 위해 수고해 주신 분들께 감사드리며, 앞으로도 더 많은 분이 이 책과 함께하길 희망합니다.

교육과정정책과 교육연구사
황경훈

이 책은 2022 개정 교육과정의 핵심을 키워드와 함께 교사들이 잘 소화할 수 있도록 엮은 탁월한 지침서입니다. 교육과정 개정의 본질을 깊이 있게 탐구하여 교사와 학생 모두에게 필요한 실질적인 지식을 제공하고 있습니다. 2015와 2022 개정 교육과정의 변화를 명쾌하게 제시하여 2022 개정 교육과정에 대한 깊이 있는 이해를 더했습니다.

그리고 새로운 용어에 대한 해설 및 새롭게 적용되는 정책이 실제 교육 현장에서 어떻게 적용될 수 있는지를 미리 볼 수 있도록 해 주어 교사가 마주하게 될 현실적 문제에 대한 해답도 제시합니다. 2022 개정 교육과정의 적용을 눈앞에 둔 현장의 모든 교사에게 꼭 추천합니다.

산청초등학교 수석교사
정선희

미래 교육이라는 거대 담론 속에 펼쳐지는 2022 개정 교육과정의 많은 용어가 홍수와 같이 학교로 밀려왔습니다. 어질러진 책상을 정리하듯 미래 교육의 본질을 고민하는 선생님들이 모여 한국 교육 현장에 밀려온 개정 교육과정의 용어들을 교사의 시선에서 차분하게 정리해 준 고마운 책을 만났습니다.

이 책이 대한민국 선생님들에게 다시금 미래 교육과 2022 개정 교육과정이라는 큰 파도의 흐름을 함께 타도록 도와주는 서핑 보드가 될 것을 기대해 봅니다.

제석초등학교 수석교사
이동영

교육과정에 대한 일반 선생님들의 이미지는 어떤 것일까요? 막연하거나 어려운 것이라고 느낄지 모르겠습니다. 프로젝트 수업과 같이 현장에서 교육을 계획하고 실천한 자료들은 주변에서 쉽게 접할 수 있지만, 전체적인 틀을 엮어 내는 교육과정은 그 중요성에 비해 담당자들이 맡아서 하는 업무처럼 여겨지는 부분도 있는 것 같습니다.

코로나19, AI 혁명, 기후 위기 등 급속도로 변화하는 시대, 미래 세대를 위한 교육은 개별 학생들의 가능성을 발현시키는 맞춤형 교육이 되어야 할 것입니다. 그러기 위해 교사의 교육과정에 대한 깊은 이해를 바탕으로 한 현장 적용 능력 또한 더욱 중요할 것이라 생각합니다.

저자들은 2022 개정 교육과정의 낯선 키워드를 고민이 필요한 부분에 선 잠시 쉬면서, 결정이 필요한 부분에서는 유연하게 의견을 제시하며 같이 생각해 보자고 이야기합니다. 이 책은 교육과정에 대한 목마름이 있는 선생님들의 시야를 넓혀 줄 수 있는 좋은 길잡이가 될 것이라 확신합니다.

2022 개정 교육과정 연구학교 유영초 연구부장
임현탁

또 한 번 교육과정 개정이 이루어졌다. 새로운 것은 늘 낯섦과 두려움으로 다가온다. 시간이 지날수록 변화보다는 있는 그대로가 좋은 게 솔직한 심정이다. 새로운 것들이 학교와 교실에 채 자리 잡기도 전에 또 다른 무엇인가가 학교와 교실의 문턱을 넘어왔고 이런 일은 반복적으로 일어났다.

이번 2022 개정 교육과정에 직접 참여할 수 있는 기회가 많았다. '국민과 함께 만들어가는 교육과정'을 슬로건으로 다양한 분야의 이해 당사자들이 참여했기 때문이다. 나도 부족하지만 총론 해설서와 KERIS 원격콘텐츠 개발로 힘을 보탤 수 있었다. 개정의 전 과정을 지켜보며 막연한 두려움이 조금씩 사라져 갔다. 2022 개정 교육과정은 2015 개정 교육과정과 상당 부분이 닮아 있다.

교육과정에 새롭게 도입된 교육학적 용어나 정책을 반영한 내용도 이미 현장에서 확산되었던 사례가 체계를 갖추어 도입된 것이 상당수이다. 또한 지속적인 요구 사항이나 시도 교육청 차원에서 우수성을 인정받은 내용들이 국가 교육과정에 반영된 형태다. 새로운 것 같으면서도 자세히 들여다보면 낯설지 않다. 조금만 관심을 갖고 읽어 본다면 나처럼 막연한 두려움은 사라질 것이 분명하다.

2022 개정 교육과정이 막바지에 이르렀을 때 교육 현장에는 큰 아픔이 있었다. 많은 동료 선생님들이 왜곡된 교육 현실에서 목숨을 잃었다는 사실을 알게 되었고 학교와 교사의 오랜 아픔이 사회적 문제가 되어 수면 위로 떠올랐다. 책을 집필하는 과정에서도 '이런 현실에서 교육과정의 전문가가 되는 것이 무슨 의미가 있을까?' 하고 스스로 낙심과 자조 속에 괴로워했던 적이 많았다. 1급 정교사 자격 연수 강사로 참석해서도 교육과정과 수업의 중요성을 저경력 선생님들께 이야기하는 것이 부끄럽기까지 했다. 교사의 교사됨은 어디서 나오는 것인가? 우리는 무엇에 시간과 열정을 쏟아부어야 하는가? 표류하는 배처럼 해결되지 않는 수많은 의문이 넘실거렸다.

이 책은 사실 살아남기 위해 썼다. 교사의 실력은 교육과정을 아는 것에서 출발한다고 생각한다. 내가 지금까지 교직 생활에서 중요하다고 생각했던 것들을 지켜 내기 위해 개정된 교육과정을 공부하고 함께 나누고 기록했으며 이 과정에서 견뎌 낼 힘을 얻었다. 내가 그러했던 것처럼 이 책이 다른 누군가에게 작은 힘과 의미가 되었으면 하는 바람이다.

여전히 교육과정이 개정될 때마다 냉소적인 태도와 무관심으로 대하는 교사들이 있다. 이전보다 지금이 시기적으로 훨씬 더 심하다. 그럴 수밖에 없는 현실이 그저 안타까울 뿐이다.

보다 구체적이고 실제적인 실천 사례와 다양한 이론적 배경과 명료한 설명을 제공하고 싶은 욕심이 있었지만 실력의 한계에 부딪혔다. 하지만 여러 곳에 흩어진 정보를 정리하여 교사의 시선에서 풀어 쓴 개정 교육과정의 키워드는 분명 읽는 이로 하여금 교육과정에 대한 문해력을 길러 주리라 확신한다. 개정 교육과정과 관련된 기존 보도자료나 장학자료는 '과정'은 생략된 채 '결과'만 나열하는 경향이 있다. 개정된 내용이 내 교실에서 어떻게 적용되는지가 막연하고 내용 또한 방대하여 읽기 버겁다. 이 책은 현장 교사의 시선에서 꼭 필요한 내용을 새내기 교사에게 설명하듯 키워드 중심으로 선별하고 풀어썼다. 여기까지 올 수 있도록 함께 힘든 걸음을 옮겨 준 집필진 모두에게 감사의 말을 전한다.

2023. 11. 08.
바다가 보이는 교실에서
저자를 대표하여 교사 김현우 드림
(hyunwoo4193@naver.com)

1부
2022 개정 교육과정, 새로운 비전을 제시하다

2부
2022 개정 교육과정, 수업의 변화를 이끌다

3부
2022 개정 교육과정, 사회적 필요와 요구를 담다

1부

2022 개정 교육과정

새로운 비전을
제시하다

2022 개정 교육과정 10대 뉴스

1 스스로 삶을 주도하는 사람을 길러 내다!
자기주도적인사람 # 자기주도성 # 창의성 # 포용성

2 역량 함양, 깊이 있는 학습으로 가능하다!
역량함양 # 깊이있는학습 # 맥락 # 삶과연계

3 내 몸에 딱 맞는 맞춤형 수업을 함께 설계하다!
학생맞춤형 # 민주적설계 # 교육과정자율화

4 우리가 원하는 수업 학교자율시간으로 만들다!
학교자율시간 # 3~6학년 # 과목과활동 # 능동적참여

5 학교(년)이 바뀌어도 두렵지 않도록 진로연계교육을 도입하다!
진로연계교육 # 학교생활적응 # 상급학교(년)준비

6 교육과정 자율성! 창의적 체험활동으로 확장하다!
기준수업시수 # 20%증감 # 창의적체험활동

7 디지털 100만 인재 육성으로 미래를 만들어 가다!
정보교육 # 디지털인재 # 학교자율시간 # 디지털소양

8 생활 속 체험 중심 안전교육으로 발돋움하다!
안전교육 # 통합교과 # 체험중심

9 아이를 아이답게! 1~2학년 교육과정이 변하다!
학생발달단계 # 놀이및신체활동 # 국어 #입학초기적응활동

10 교육공동체가 함께 만들어 가는 교육과정은 빛난다!
함께만들어가는 # 국민과함께하는 # 교육공동체

총론 체제

 총론 체제 개선 배경

문서의 구성 체제는 문서 내용에 대한 방향을 좌우하는 데 결정적이다. 문서의 질을 높이는 데 있어 구성 체제와 내용은 상호 보완적인 관계이다. 2022 개정 교육과정은 기존의 교육과정을 개정했다고 하나, 새로운 교육과정 정책으로 새로운 방향을 제안하는 것은 분명하다. 이런 측면에서 2022 개정 교육과정을 안내할 새로운 틀이 필요하다. 이는 전체 얼개와 방향성, 강조점 등을 파악하고 나아가 정체성을 특정 짓는 역할과 기능을 하기 때문이다. 총론 체제 개선의 주요 내용은 아래와 같다.

* 총론 체제 개선 주요 내용 *

> **가독성** 현장 교원의 가독성을 고려하여 보다 친절하게 활용 가능
>
> **자율성 연계성** 학교 교육과정 자율성, 교육과정-수업-평가의 연계성을 강조
>
> **이해도** 장별 도입 글을 신설하여 총론 문서에 대한 개괄적 이해 증진
>
> **전문성** 교육과정에 대한 관점을 교과목 시수 편성에서 학습 경험에 대한 설계로 확장하여 교사의 교육과정 전문성과 자율성 강조

📑 용어의 의미

총론 문서 체제는 책의 목차와 유사하다. 고시된 총론은 국가기관에서 고시한 문서이므로 갖추어야 할 기본 형식이 있다. 문서 체제라는 용어가 어렵다면 책의 목차나 이야기 속 소제목으로 이해해도 무리가 없다. 목차는 책 전체 내용의 뼈대를 구성하여 전반적인 흐름을 이해하게 돕는 동시에 목차별 세부 내용을 유기적으로 연결한다.

보통 우리가 책을 고를 때 가장 먼저 보는 것이 책 표지와 제목, 그리고 목차다. 고시된 법 조항의 성격을 띤 총론에서 표지와 제목은 특별한 의미를 담지 않는다. 표지는 없고 제목은 총론이기 때문이다. 그럼 남는 것은 목차다. 개발자의 의도나 변화된 내용을 의도에 맞게 담아내기 위해 큰 틀에서 첫 번째로 접근 가능한 것이 바로 목차(체제)인 것이다. 소설이나 동화의 목차는 앞으로 전개될 이야기의 복선이 되거나 작가의 의도를 담아내는 장치로 작동한다.

총론 체제에서는 총론 문서를 이해하는 사고의 흐름, 논리적 전개가 드러난다. 이러한 체제가 독자로 하여금 이해도를 높여 총론 문서의 활용도와 가독성을 높인다. 또한 총론 체제에는 개정의 비전, 국가 사회적 요구, 현장의 의견, 미래 사회에서 학생들에게 필요한 교육 내용과 방법 등을 담아내야 하는 조건이 있다. 따라서 총론 체제의 테두리 안에서 교육의 비전과 발전 방향을 제시하면서 단위학교 교육과정 개발을 안내할 수 있을 정도의 내용을 담아내되 자율성을 제한하지 않아야 한다는 어려움이 있다.

2015 개정 교육과정 vs 2022 개정 교육과정의 체제

아래의 체제를 비교해 보고, 달라진 곳을 찾아 써 보자.

* 개정 교육과정 총론 목차 *

2015 개정 교육과정	2022 개정 교육과정
교육과정의 성격	교육과정의 성격
Ⅰ. 교육과정 구성의 방향	**Ⅰ. 교육과정 구성의 방향**
1. 추구하는 인간상	1. 교육과정 구성의 중점
2. 교육과정 구성의 중점	2. 추구하는 인간상과 핵심역량
3. 학교급별 교육 목표	3. 학교급별 교육 목표
Ⅱ. 학교급별 교육과정 편성·운영의 기준	**Ⅱ. 학교 교육과정 설계와 운영**
1. 기본 사항	1. 설계의 원칙
2. 초등학교	2. 교수·학습
3. 중학교	3. 평가
4. 고등학교	4. 모든 학생을 위한 교육 기회의 제공
5. 특수한 학교에서의 교육과정 편성·운영	
	Ⅲ. 학교급별 교육과정 편성·운영의 기준
Ⅲ. 학교 교육과정 편성·운영	1. 기본 사항
1. 기본 사항	2. 초등학교
2. 교수·학습	3. 중학교
3. 평가	4. 고등학교
4. 모든 학생을 위한 교육 기회의 제공	5. 특수한 학교
Ⅳ. 학교 교육과정 지원	**Ⅳ. 학교 교육과정 지원**
1. 국가 수준의 지원	1. 교육과정의 질 관리
2. 교육청 수준의 지원	2. 학습자 맞춤 교육 강화
	3. 학교의 교육 환경 조성

목차에서 변화된 부분은 어디인가?

숨은그림찾기를 하듯 찾아보자. 변화가 있는 것들은 나름의 이유가 있다.

①	③
②	④

지금부터 변화된 부분을 함께 살펴보자.

☑ 문서 제시 순서의 변화

- Ⅰ장 교육과정 구성의 방향에서 1. 교육과정 구성의 중점이 맨 앞으로 이동
- 기존 Ⅱ장(학교급별 교육과정 편성·운영 기준), Ⅲ장(학교 교육과정 편성 운영)의 위치 변화

Ⅰ장의 교육과정 구성 중점을 맨 앞에 제시하여 2022 개정 교육과정의 개정 배경과 무엇을 중점적으로 추진하고자 하였는지 먼저 제시하였다. 즉, 2022 개정 교육과정이 새롭게 개정되어야 하는 이유를 서두에 먼저 설명하면서 필요성과 당위성을 강조하였다고 볼 수 있다. 개정의 이유와 배경이 이후 제시되는 총론 문서에 어떻게 구현되었는지 살펴보며 읽는다면 전체적인 이해를 높일 수 있다.

개정의 배경에 대한 설명은 이번 개정에서 처음으로 도입되었다. 지금까지는 총론 외에 개정 주요 사항이나 연구 자료나 보도 자료에 주로 진술되던 것이 총론 문서로 편입되어 문서 전체의 기초를 잡았다.

또한 II장과 III장의 순서를 조정하여 전체적인 흐름에 변화를 주었다. II장에서는 학교 교육과정 편성 · 운영의 일반적인 원칙과 방향을 제시하고 난 후 III장에서는 준수해야 할 기준을 제시하는 형태이다. 비유하자면 큰 밑그림을 그리고 세부 그림을 그리되 세부 그림에 반드시 포함되어야 할 요소들을 채우는 형태다. 우선 순위의 문제로도 볼 수 있는데, 빈 병을 채우기 위해서는 큰 돌을 넣은 후 작은 돌과 모래를 넣어야 가득 채울 수 있는 것과 같은 원리다. 반드시 넣어야 하는 작은 돌(법적 기준들)을 넣은 후 큰 돌(자율성을 발휘한 학교 교육과정 설계)을 넣기는 어렵다. 학교 교육과정을 교육공동체와 함께 자율적으로 설계하는 큰 방향성을 제시하고 이후 지켜야 할 기준과 지침을 명시하는 형태로 총론 체제가 개선된 것이다.

편성 (2015 개정 교육과정)	설계 (2022 개정 교육과정)
▸ 편성 시수에 따라 교과별 시수 맞춤 ▸ 주어진 기준을 그대로 활용	▸ 자율성, 전문성, 창의성, 상상력 내포 ▸ 학교가 학생들에게 제공할 수 있는 학습 경험과 교육 내용 포함

☑ 목차 용어의 변화

총론 목차에 몇 가지 용어가 새롭게 등장했다.

추가 1 추구하는 인간상과 핵심역량

2015 개정 교육과정에서는 핵심역량이 목차에 드러나지 않았다. 총론 문서에는 처음으로 핵심역량이란 용어가 도입되었지만 문서 전체의 흐름과 무관하게 뜬금없이 제시되어 있다는 느낌을 지울 수 없었다. 하지만 2022 개정 교육과정에서는 인간상-역량-목표의 유기적인 연계를 강화하고 미래 역량 교육에 대한 중요성을 드러내었다고 볼 수 있다.

추가 2 학교 교육과정 설계와 운영

기존 편성이란 용어가 설계라는 용어로 수정되었다. 학교 현장에서 편성이란 의미는 공통 교육과정 중심의 초등학교급에서 교과별 시수를 맞추는 정도로 활용되고 있다. 단위 학교에서 학교 교육과정을 '편성'하는 것은 주로 교육과정 담당자인 연구부장의 몫이고 연구부장 역시 단순히 주어진 기준을 그대로 활용하는 정도이다. 용어 자체가 갖는 의미가 경직되어 있다.

설계라는 용어는 자율성, 전문성, 창의성, 상상력을 내포하고 있다. 학교가 제공할 수 있는 학습 경험과 교육 내용을 포함하는 용어로 받아들일 수 있다. 교사의 역할이 교육과정 전달자에서 개발자로 전환되기 위해서는 학습 경험과 교육 내용을 설계하여 개발할 수 있는 역량이 필요하다. 설계라는 용어는 개정의 배경과 교육과정 자율화, 분권화의 흐름과 일치하는 용어다. 학교나 학급 학생의 흥미, 진로, 개성 등에 맞게 교육 경험을 설계하고 적용할 수 있어야 한다는 의미를 담고 있다. 이러한 설계는 총론에서뿐만 아니라 교수 학습 및 평가와 각 교과 교육과정 문서 체제에도 포함되어 넓은 의미에서 수업이나 평가의 설계 또한 학교 교육과정 설계의 일부분이 된다는 점을 강조하는 것이다.

추가3　학습자 맞춤 교육 강화

개정의 배경에도 명시되었듯이 학습자 맞춤 교육은 개정의 주요한 이유 중 하나이다. 인구구조의 급격한 변화로 학령인구가 급감했고 다양한 환경과 배경을 가진 학생들에 대한 맞춤형 교육에 대한 사회의 요구가 급증했다. 미래 불확실성이 높아져 예측이 힘들고, 복잡해지는 미래 사회에서 학생들은 각자의 재능과 개성에 맞는 교육과 진로 개발이 필요해졌다. 이에 교사의 역할은 학생 개개인의 흥미, 진로, 개성, 성취도 등에 따라 맞춤형 학습 내용과 방법, 평가로 교육할 수 있어야 하며 이러한 변화와 필요를 반영한 용어를 문서 체제에 드러내었다고 볼 수 있다.

☑ 각 장별 안내문

각 장별 안내문은 목차에는 제시되어 있지 않지만 총론 문서에서 나타나는 주요 변화 중 하나이며 일종의 선행조직자 역할을 한다. 장별 안내문

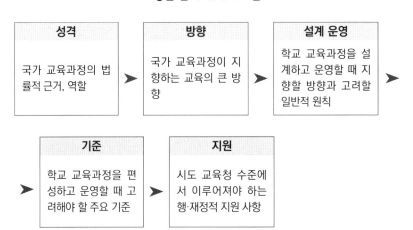

I. 교육과정 구성의 방향

이 장에서는 국가 교육과정의 개정 배경과 중점을 설명하고, 이 교육과정으로 교육을 받는 사람이 갖출 것으로 기대하는 모습과 중점적으로 기르고자 하는 핵심역량 및 교육 목표를 제시한다.

- 교육과정 구성의 중점에서는 교육과정 개정의 주요 배경과 이에 따른 개정 중점을 제시한다.
- 추구하는 인간상은 초·중등 교육을 통해 학생들이 갖출 것으로 기대하는 특성을 나타낸 것으로, 교육의 본질과 방향을 제시하는 기능을 한다.
- 핵심역량은 추구하는 인간상을 구현하기 위해 학교 교육이 전 과정을 통해 중점적으로 기르고자 하는 능력이다.
- 학교급별 교육 목표는 추구하는 인간상과 핵심역량을 바탕으로 초·중·고등학교별로 달성하기를 기대하는 교육 목표이다.

▲ 장별 안내문

은 각 장에서 다루는 내용을 간단히 정리하고 구조에 대한 이해를 돕는 데 그 목적이 있다. 일부 장별 안내문에서는 용어를 해설하는 역할도 한다. 장별 안내문을 읽고 세부 내용을 읽으면 구조를 파악하기 쉽고 핵심을 놓치지 않고 장별 세부 내용을 이해할 수 있게 된다. 총론 진술문은 아주 간결하고 명료하기에 때론 항목의 세부 내용들 간의 연결 고리가 잘 드러나지 않거나 모호한 경우가 있는데 장별 안내문은 항목별 연결 고리를 보다 쉽게 이해하게 도울 뿐 아니라 큰 그림을 그릴 수 있게 도와주는 역할을 한다.

이상의 내용을 바탕으로 총론 문서 체제 전체 흐름을 키워드 중심으로 간략히 정리해 보자.

＊ 총론 문서 체제의 흐름 ＊

성격	방향	설계 운영
국가 교육과정의 법률적 근거, 역할	국가 교육과정이 지향하는 교육의 큰 방향	학교 교육과정을 설계하고 운영할 때 지향할 방향과 고려할 일반적 원칙

기준	지원
학교 교육과정을 편성하고 운영할 때 고려해야 할 주요 기준	시도 교육청 수준에서 이루어져야 하는 행·재정적 지원 사항

총론 체제 이해의 효과

교육과정 문해력의 출발점은 교육과정 총론 문서의 이해에서부터 시작된다. 교육과정 문해력을 갖추었다는 것은 국가 수준 교육과정을 읽고 이해하여 학교와 교사 수준 교육과정의 편성 운영에 자유롭게 활용할 수 있다는 의미다. 그 시작은 교육과정 총론 문서를 읽고 이해할 수 있어야 가능하다.

앞에서도 살펴보았지만 총론 문서와 그 체제에는 교육과정 개정의 배경과 핵심 내용, 강조 사항 등이 반영되어 있다. 총론 체제를 이해한다는 것은 전체적인 숲을 보는 안목을 갖추는 것이며 국가 수준 교육과정을 조망할 수 있는 안목을 갖추는 것을 의미한다. 이러한 안목을 바탕으로 교사는 각 교과 교육과정의 방향을 이해할 수 있고 학교와 교실에서 이루어지는 수업과 평가 장면에서 개정 교육과정의 의도와 방향이 실질적으로 구현될 수 있도록 하는 전문성을 갖출 수 있게 된다. 학교와 교사의 교육과정에 대한 자율성도, 학생이 주도성을 발휘하여 이루어지는 다양한 교육활동도 공통성과 보편성을 제시한 총론을 기초로 적용될 때 보다 빛날 수 있다.

참고 자료

황규호 외(2022), 2022 개정 교육과정 총론 시안 개발 연구
이지은(2023), 국제비교를 통한 2015·2022 개정 교육과정 총론의 특징 및 향후과제 분석
한진호 외(2022), 국가 교육과정 총론 문서 장-절-항의 새로운 구성안 제안 연구

총론 체제

인간상 – 핵심역량 – 목표

📋 개정의 배경

- 인간상은 도대체 어떻게 만들어지는 거야?
- 인간상과 역량, 그리고 목표는 어떤 관계가 있는 거지?
- 인공지능 세상인데, 10년 전 인간상이 아직 그대로네?
- 그래서 인간상이 교실 수업에서 어떤 의미가 있다는 거야?

　총론 문서에 제시되는 인간상은 제5차 교육과정부터 시작하여 2015 개정 교육과정까지 유사한 틀로 유지되어 왔다. 2015 개정 교육과정이 추구하는 인간상은 '자주적인 사람', '창의적인 사람', '교양 있는 사람', '더불어 사는 사람'으로 설정하였다. 인간상 진술에 대해 비판적으로 검토한 연구 자료를 살펴보면 공감 가는 부분이 있다. 인간상 설정 근거의 모호성과 시대 변화에 따라 인간상도 유연하게 변화해야 한다는 주장이다. 또한 인간상과 역량 목표 사이의 관계는 어떻게 설정되어야 하며 인간상이 실제 교육 현장에서 어떤 실효성과 의미를 갖는가 하는 점이다. 이러한 문제는 다양한 연구자에 의해 지속적으로 제기되어 왔지만 쉽게 해결될 수 있는 문제는 아닌 것 같다.

　새롭게 부각되는 교육 이념이나 중점 추진 과제가 인간상에 반영될 필요가 있으며 변화하는 시대와 사회적 요구 및 새로운 가치를 수용하는 형태로 개선이 이루어져야 한다는 주장도 있다. 또한 한편으로는 OECD 등 국제기구에서 강조하는 미래 사회 변화에 대응하는 능력들에 대한 고려도 필요하다. 하지만 인간상에 반영된 교육적 가치들은 개정 당시의 시대와 사회적 변화와 무관하게 강조되어 온 것도 있으며 이 점에서 연속성을 유지하는 것 역시 중요한 의미를 갖는다. 따라서 새로운 변화의 반영과 더불어 전통적으로 중요하게 다룬 교육적 가치를 놓치지 않으려는 균형 잡힌 노력이 요구된다. 2022 개정 교육과정의 인간상, 핵심역량, 목표는 이러한 과정의 결과로 새로운 요구를 단순히 추가하기보다 오랜 기간 유지된 큰 틀 안에서 개선하고 보완하는 방식으로 수용하는 것이 보다 적절하다고 본 것이다. 이는 총론 문서를 읽어 보면 쉽게 알 수 있다. 인간상, 역량, 학교급별 목표에서 2015 개정 교육과정 대비 변화된 진술이 부분적으로 있을 뿐, 진술의 큰 방향과 내용은 변화되지 않았다는 사실을 쉽게 확인할 수 있다.

🖳 용어의 의미

☑ 인간상

- 우리나라 교육이 나가야 할 교육 비전으로서의 역할
- 초중등 교육을 통해 학생들이 갖출 것으로 기대하는 특성
- 교육의 과정을 마쳤을 때 교육받은 인간의 모습은 어떠한지 제시함으로써 교육 관계자들에게 교육이 추구하는 바를 구체화하여 나타냄(김경자 외, 2015)

「교육기본법」 교육 이념과 목적 「초·중등교육법」 학교급별 교육 목적	➤	총론의 인간상

° 2022 개정 교육과정의 인간상

자기주도적인 사람	창의적인 사람
 "내 미래는 내가 스스로 만들어 가는 것" "전인적 성장" "자아정체성 확립"	 "새로운 가치를 만들 거야, 오늘도 도전!" "기초 탄탄"
교양 있는 사람	더불어 사는 사람
 "다양한 문화 활동(독서, 음악, 미술 등)에 참여해야지, 이번에는 이렇게 해 볼까?"	 "그렇구나, 존중하고 소통하는 자세" "모두 함께 손잡고 협력하자!"

☑ 핵심역량

- 추구하는 인간상을 구현하기 위한 것
- 교과 교육과 창의적 체험활동을 포함한 학교 교육과정 전 과정을 통해 함양
- 지식·기능·태도를 종합적이고 총체적으로 활용하여 새로운 맥락이나 상황에 맞게 사용하는 능력

° 2022 개정 교육과정의 핵심역량

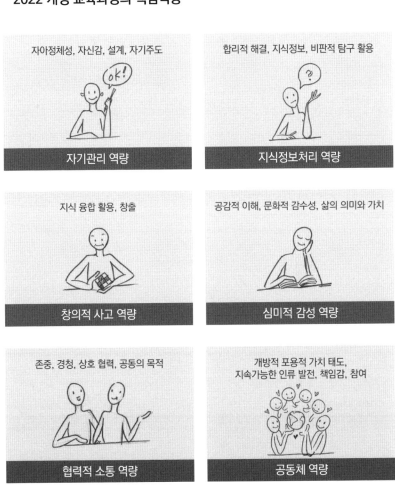

☑ 학교급별 교육 목표

- 인간상의 틀에 기초하여 제시
- 학교급별 교육 목표는 교과(또는 영역)별 목표를 설정하는 일반적인 지침
- 단위 학교에서 편성·운영하는 학교 교육과정의 총체적인 방향 설정
- 추구하는 인간상을 각 학교급별로 구체화하여 제시
- 인간상과 핵심역량을 일관성 있게 작성
- 총괄 목표와 하위 목표로 구성

° 추구하는 인간상, 핵심역량과 초등학교 교육 목표와의 연계

추구하는 인간상	핵심역량	초등학교 교육 목표 정리	
		총괄 목표	하위목표
자주적인 사람	자기관리 역량	일상생활과 학습에 필요한 기본 습관 기초 능력 바른 인성	자신의 소중함 건강한 생활 습관 풍부한 학습 경험 자신의 꿈
창의적인 사람	지식정보처리 역량 창의적 사고 역량		문제를 발견하고 해결 기초 능력 상상력
교양 있는 사람	심미적 감성 역량 협력적 소통 역량		다양한 문화 활동 자연과 생활 속 아름다움과 행복 심성
더불어 사는 사람	공동체 역량		규칙과 질서 협동 정신 서로 돕고 배려

2015 개정 교육과정 vs
2022 개정 교육과정의 인간상 변화

인간상, 핵심역량, 초등학교 교육 목표는 교육의 연속성과 변하지 않는 교육적 가치를 고려하여 다른 총론의 장에 비해 변화가 적은 편이다. 초등학교 교육 목표의 경우 거의 변화가 없지만 인간상과 핵심역량은 교육과정 개정의 논의 과정에서 제시된 주요 키워드가 일부 반영되었다. 총론 주요 사항 발표 내용에 따라 OECD 미래 교육 2030에서 미래 교육 주요 비전의 하나로 강조되었고 개정 교육과정 논의의 핵심 중 하나인 학생 주도성(Student agency) 개념을 반영하기 위함이다. 또한 다른 인간상을 진술하는 과정에서 몇 가지 키워드가 추가되었다.

변화 1 인간상

자주적인 사람		자기주도적인 사람
전인적 성장을 바탕으로 자아정체성을 확립하고 자신의 진로와 삶을 개척하는 자주적인 사람	변화	전인적 성장을 바탕으로 자아정체성을 확립하고 자신의 진로와 삶을 스스로 개척하는 자기주도적인 사람

총론 인간상에 추가된 키워드	창의적인 사람	더불어 사는 사람	교양 있는 사람
	• 진취적 발상과 도전 • 새로운 가치 창출	• 다양성 이해와 존중 • 협력	• 변화 없음

변화 2 핵심역량

의사소통 역량		협력적 소통 역량
다양한 상황에서 자신의 생각과 감정을 효과적으로 표현하고 다른 사람의 의견을 경청하며 존중하는 의사소통 역량	변화	다른 사람의 관점을 존중하고 경청하는 가운데 자신의 생각과 감정을 효과적으로 표현하며 상호 협력적인 관계에서 공동의 목적을 구현하는 협력적 소통 역량

　협력적 소통 역량으로 용어가 변한 것은 단순한 의사소통을 넘어 다른 사람의 관점을 존중하고 경청하며 관계를 바르게 유지해야 한다는 점과 공동의 문제 해결을 위한 소통과 협업의 중요성을 강조하기 위함이다. 핵심역량에 대한 설명에는 2022 개정 교육과정에서 논의된 핵심 키워드가 반영되었다.

핵심 역량에 추가된 키워드	자기주도 역량	지식 정보 처리 역량	심미적 감성 역량	공동체 역량
	• 삶과 진로를 스스로 설계	• 깊이 있게 이해 • 비판적으로 탐구	• 성찰하고 • 향유하는	• 개방적 포용적 가치 • 지속가능한 인류 공동체 • 책임감 있게 참여

　2022 개정 교육과정은 교육과정의 개정 배경과 중점, 다양한 요구가 인간상과 핵심역량에 적절히 반영되어 개정 배경과 중점, 인간상, 핵심역량, 학교급별 목표가 보다 유기적으로 연계되어 있음을 확인할 수 있었다. 더

불어 자기주도성, 학생 스스로 설계, 깊이 있는 이해, 성찰, 포용, 지속 가능, 책임감 등 교육과정 개정의 이유와 미래교육 담론의 주요 내용이 기존 교육과정과 일관성을 유지한 채 키워드 중심으로 적절히 반영되었다.

참고 자료

황규호 외(2022), 2022 개정 교육과정 총론 시안 개발 연구
교육부(2021), 2022 개정 교육과정 총론 주요 사항

학생 주도성

📋 개정의 배경

불확실성과 복잡성이 특징인 미래 사회의 주인공이 될 우리 학생들은 변화하는 상황에 맞게 유연하게 대응할 수 있는 능력을 길러야 한다. 이는 우리 교육이 지향해야 할 핵심 과제다. 이미 국가 수준에서는 2015 개정 교육과정에서 핵심역량을 도입하였다. 이를 통해 학생들이 학교에서 배운 내용을 생활에서 적용하여 앞으로 살면서 부딪치게 될 복잡한 문제를 해결하는 능력을 길러 주고자 하였다.

2022 개정 교육과정에는 이러한 맥락에서 역량을 기른다는 교육의 목적은 유지하면서 '주도성'의 개념이 도입되었다. 2022 개정 교육과정의 개정 비전은 '포용성과 창의성을 갖춘 주도적인 사람'이다. 이를 위한 개정의 중점 첫 번째 사항은 미래 사회가 요구하는 역량 함양이 가능한 교육과정을 개발하는 것이다. 두 번째 사항은 학습자의 삶과 성장을 지원하는 맞춤형 교육과정을 설계하는 것이다. 그리고 학습자 맞춤형 교육의 근거로 학습자 주도성을 언급하고 있다. 이 주도성의 개념은 OECD Education 2030에서 변혁

적 역량과 함께 학생 행위 주체성(Student agency)으로 제시되었고 개정 교육과정에 반영되었다. 이러한 역량을 함양하기 위한 개념의 정의나 특징 등을 분석하고 이해하는 등의 학문적 접근 방식도 중요하겠지만, 현장 교사로서 경험과 실천적 지식을 바탕으로 학생의 주도성이 왜 필요하고 어떤 의미가 있으며 어떻게 실천될 수 있는지 살펴보는 실천적, 경험적 접근 방법이 우리에게는 더욱 필요하다. 몇 가지 질문에 답을 해 보자.

Q. 우리 반 학생들에게 학생 주도성은 필요한가? 이유는 무엇인가?
Q. 우리 반 학생들은 어떨 때 주도성을 발휘하는가?
Q. 주도성이 발휘되는 수업의 모습은 어떠해야 하는가?
Q. 나는 교사로서 언제 주도성이 발휘되는가?

📑 용어의 의미

학생 주도성에 대한 다양한 개념 정의를 살펴보자.

- 학습자 스스로 목적의식을 가지고 자신의 진로와 적성을 바탕으로 무엇을 어떻게 배울지 주도적으로 교육과정을 설계. 학습자가 자신의 삶과 학습을 주도적으로 설계하고 구성하는 능력으로, 미래 사회에 변화의 주체가 될 수 있도록 하는 것을 강조 (2022 개정 교육과정 총론 주요 사항).
- 학생 주도성은 교육 상황에서 공동체적 관점을 고려하여 주도성을 심화하고 확장한 개념(김종윤 외, 2021).
- 주도성은 목표를 위해 주체적으로 결정하고 행동하는 능력으로 개인의 자율성에 초점이 맞추어져 있으며, 개인 결정론적 관점, 구조 결정론적 관점, 생태학적 관점의

세 가지 관점으로 논의(김정윤, 2019; 조윤정, 박세진, 정우진, 2022).
- 개인 결정론적 관점에서의 주도성은 개인의 내부의 고유한 특성, 의지, 역량의 영향력으로 설명되며, 구조 결정론적 관점에서는 개인을 둘러싼 사회·문화적 구조의 영향력으로 설명됨. 생태학적 관점은 이분화된 논의를 비판하며 개인의 주도적인 능력의 영향력과 개인을 둘러싼 사회·문화적 구조의 영향력을 함께 인정하는 관점 (Archer, 1995, 2000; Clegg, 2005).
- 학생이 자신과 세계에 대하여 영향력을 행사하고자 학습의 설계 및 전반에 의도적으로 관여하는 등 학습 주체로서의 역할을 책임감 있게 실행하는 실천 능력 (편지윤, 정혜승, 2023).

그렇다면 우리가 지금까지 사용했던 자기주도 학습과 학습자 주도성은 동일한 개념일까?

자기주도 학습은 타인의 상호작용 여부와 관계없이 개인이 스스로 학습 요구를 진단하고, 학습 목표를 설정하고, 학습을 위한 자원을 확인하고, 적절한 학습 전략을 선택해서 실행하며 그 결과를 평가하는 데 있어 주도권을 행사하는 과정이다. 이 과정에는 다른 행위 주체와의 연결이나 사회적 맥락과의 관계보다는 심리적 관점에서 개인 내적인 과정에 초점을 맞춘다.

하지만 자기주도성의 관점에서 볼 때 학생들은 사회적 맥락에서 타인과의 상호작용을 통해 자신에 대한 의미를 만들면서 성장하고 동시에 타인에게 영향을 미친다. 따라서 학생 주도성은 교사, 동료 학습자, 지역사회와의 관계 혹은 사회적 맥락에서의 참여의 질에 의해서 영향을 받으며 이는 공동 주도성(Co-agency)으로 연결된다. 공동 주도성은 학습자가 가치 있는 목표를 향해 나아가도록 돕는 상호적이고 지원적인 관계를 의미하며 이는 학생을 중심에 두지만 사회 구성원 모두가 변화를 일으킬 수 있는 힘을 길러야 한다는 것을 시사한다(온정덕, 2022).

수업의 관점에서는 보다 구체적으로 다음과 같이 구분하여 이해할 수 있다.

* 자기주도 학습과 학생 주도성의 구분 *

구분	자기주도 학습	학생 주도성
수업 설계	• 교사 혼자 수업 설계	• 교사-학생 상호 협의 공동 수업 설계
수업 방법	• 교사 혼자 수업 방법 결정	• 교사-학생 상호작용으로 학생 의사 적극 반영
수업 활동	• 모든 학생이 동일한 과제를 같은 속도로 학습	• 각 학생이 다양한 과제를 자기 능력과 속도에 맞추어 학습
학생 역할	• 수업 설계 과정: 수업의 객체, 학생의 학습 선택권 없음 • 수업 활동 과정: 수업의 주체	• 수업 설계 과정: 수업의 주체, 학생의 학습 선택권 보장 • 수업 활동 과정: 수업의 주체
적용 범위	• 교과 수업의 학습 과정	• 교과 수업 및 비교과 활동 모두 적용

출처: 박상준(2020)

2022 개정 교육과정의 학생 주도성

학생 주도성 개념은 2015 개정 교육과정에는 특별히 반영되어 있지 않다. 학생 주도성이 2015년 이후 OECD 교육 2030에서 본격적으로 강조된 개념이기 때문이다. 하지만 2022 개정 교육과정에서 주도성은 교육과정 주요 사항과 총론, 각론 곳곳에 스며들어 있다.

비전	포용성과 창의성을 갖춘 자기주도적인 사람
인간상	자주적인 사람 → 자기주도적인 사람
구성 중점	디지털 전환, 기후 생태 환경 변화 등에 따른 미래 사회의 불확실성에 능동적으로 대응할 수 있는 능력과 자신의 삶과 학습을 스스로 이끌어 가는 주도성을 함양한다.
역량	자아정체성과 자신감을 가지고 자신의 삶과 진로를 스스로 설계하며 이에 필요한 기초 능력과 자질을 갖추어 자기주도적으로 살아갈 수 있는 자기관리 역량
설계	학교 교육 기간을 포함한 평생 학습에 필요한 기초 소양과 자기주도 학습 능력을 갖출 수 있도록 지원
교수 학습	학생이 여러 교과의 교유한 탐구 방법을 익히고 자신의 학습 과정과 학습 전략을 점검하며 개선하는 기회를 제공하여 스스로 탐구하고 학습할 수 있는 자기주도 학습 능력을 함양할 수 있도록 한다.
평가	학생이 자신의 학습 과정과 결과를 스스로 평가할 수 있는 기회를 제공한다.
교과서	실생활 맥락에서 학습자의 자기주도성과 소통, 협력을 이끄는 교과서 개발

학생 주도성과 교사 교육과정

학생은 언제 주도성을 발휘할까? 경험적으로 생각해 보자. 우리는 어떨 때 주도성을 갖고 어떤 일에 임하는가? 나 같은 경우, 내가 하고 싶은 일을 할 때, 성과가 뚜렷해 보이는 일을 할 때, 목표가 명확할 때, 스스로의 힘으로 충분히 해낼 수 있을 때, 좋은 사람과 함께 일을 할 때, 의미 있고 가치 있는 일을 할 때 주도성이 살아난다.

아이들과 함께한 경험을 바탕으로 생각해 보자. 우리 반 아이들은 언제 주도성을 갖고 학습과 참여하는가? 아이들이 좋아하고 흥미 있는 일을 할 때, 좋아하는 친구와 함께 활동할 때, 활동 과정을 듣고 이해하여 스스로 할 수 있을 때, 문제를 해결하여 성취감을 느낄 때, 교실 분위기가 허용적일 때, 자신의 일상생활과 관련된 일을 수업의 문제로 가져올 때 등이 있다. 스스로 문제를 해결하여 성취감을 느낀 학생은 다음에 더욱 적극적으로 수업에 참여한다. 이러한 과정에서 주도성은 연결되고 확장된다.

국가 수준 교육과정은 국가 수준의 공통성을 바탕으로 만들어진다. 대한민국 모든 학교 교육의 질적 수준을 담보하고 방향을 제시하기 위한 기준과 내용에 대한 기본 사항을 규정하는 것이 국가 수준 교육과정의 존재 이유다. 이에 반해 교사 수준 교육과정은 지역, 학교, 교사, 학생 수준의 다양성을 담아낼 수 있는 그릇이자 장치다. 학습자가 발휘하는 주도성은 학생 개개인의 특성에 따라 제시되는 교육 내용과 주어진 환경에 따라 저마다의 다양한 모습을 갖게 된다. 이를 조율하고 설계하여 수업으로 구체화할 수 있는 교육과정은 교사 교육과정이 유일하다. 우리 반 아이들을 사랑과 관심의 눈으로 관찰하여 주도성을 지속하여 발휘할 수 있도록 수업을 설계하고 격려하고 피드백할 사람은 교실 수업에서 상호작용하는 교사다. 국가, 지역, 학교 수준의 교육과정은 아이들의 보편적인 성장과 교육 내용을 담고 있지만, 교사 교육과정은 아이들 개별성을 고려한 역량 함양과 주도성을 길러 줄 수 있기에 그 중요성이 더욱

커지고 있다.

학습자 주도성은 꽉 짜인 틀 안에서 표준화된 교육 내용과 방법으로 함양하기 힘들다. 우리 반 아이들의 삶이 담긴 지역적 특성, 개성과 흥미, 진로, 또래 관계 등을 종합적으로 고려하고 무모한 도전과 실수와 실패가 허용되는 교실과 수업 속에서 아이들은 마음껏 주도성을 발휘할 수 있다. 이러한 의미가 담긴 공간을 설계하는 것이 바로 교사 교육과정을 설계하고 적용하는 과정이며 학생 개개인의 배움과 주도성을 자라게 하는 건강한 토양이 된다.

초등학생의 주도적 수업 참여 구성 요인과 참여 유형

2022 개정 교육과정에서 학생 주도성이 강조되면서 학생들에게 수업에 주도적으로 참여할 것을 요구하였지만, 학생이 수업에서 어떤 행위를 해야 주도성을 발휘한 것인지에 대한 구체적인 안내는 부족하다. 이러한 어려움을 해결하고자 학생 주도성과 수업 참여 관련 선행 연구를 종합하여 초등학생이 수업에서 발휘하는 주도성의 구체적인 행위를 밝혀내는 것은 중요하다. 이는 교사가 학생의 행위가 주도적인지 아닌지 판단하는 기준이 되기 때문이다. 초등학생의 주도적 수업 참여 유형 연구(고현국, 2023)는 학생 주도성이 수업에서 실제로 어떻게 발휘될 수 있는지 몇 가지 구성 요인을 밝히고 있다.

* 초등학생의 주도적 수업 참여 구성 요인 *

주도적 수업 참여 구성 요인	설명
맥락적 목표 설정	· 학생이 수업 상황에 따라 무엇을 먼저 공부할지 목표를 세우는 것 · 목표에 따라 적절한 학습 계획을 세우는 것
동료와의 협력	· 수업에서 문제를 해결하기 위해 협력하는 것 · 동료와의 협력을 중요하게 생각하는 것 · 동료와의 관계를 고려하여 도움을 주고받는 것
과제 가치 인식	· 학생이 과제의 종류, 수준, 범위 등을 파악하는 것 · 배우는 내용 중 나에게 도움이 되는 부분이 있는지 사고하는 것 · 과제의 특성을 탐색하여 과제가 갖는 의미를 분명하게 파악하는 행위
교사와의 소통	· 교사에게 수업 활동 아이디어를 제안하는 것 · 학생이 적극적으로 수업에 참여하기 위해 교사에게 필요한 것을 요청하는 것 · 학생이 교사와의 상호작용을 통해 수업 환경을 변화시켜 적극적으로 참여하려는 행위
자기 성장 신뢰	· 어려운 일이 있을 때 해결할 수 있다고 믿는 것 · 내가 꿈꾸는 대로 성장할 수 있다고 믿는 것 · 자신의 성격이나 장단점을 파악하고 있는 것
독립적 결정	· 수업에서 학생이 자신이 해야 할 일을 스스로 결정하는 것 · 스스로 문제를 해결하려고 하는 것 · 상황에 알맞은 기준을 세우고 그 기준에 따라 결정하여 주어진 문제나 과제를 능동적으로 해결하는 행위

* 학생 주도적 수업 참여 유형 *

소극형	열정형	소통형	협력형	자기중심형
자신을 긍정적으로 이해하는 의식 수준과 교사, 학생 간 상호작용이 가장 낮은 유형	긍정적 자기 이해와 교사 및 또래와의 활발한 상호작용으로 주도적 참여	교사와의 상호작용으로 수업에 영향을 주며 맥락을 고려한 목표와 계획을 수립하며 주도적 참여	수업 활동, 과제 및 평가를 중요하게 생각하고, 동료와 도움을 주고받으며 주도적 참여	동료와의 협력, 과제 가치 인식이 가장 낮으며 자신만의 결정을 중요하게 생각하는 유형

학생 주도성을 살리는 수업 설계 형태

• 학생 주도성 계발을 위한 수업과 교육의 방향

   편지윤과 정혜승(2023)은 학생 주도성의 구성 요소로 선택, 책임, 학생 목소리, 협력을 제시하였으며 이를 계발하기 위한 형태로 교육의 방향이 결정되어야 한다고 하였다. 위 4가지 요소는 짧게는 차시 수업에서부터 길게는 한 학기나 일 년의 학교 교육과정 속에 녹아들어 학생의 주도성을 함양할 수 있도록 교육과정과 수업이 설계될 수 있다. 학생 주도성 계발을 위한 교육의 방향을 '학생 주도성 요소의 개발'과 '발현 조건' 차원으로 구분하여 다음과 같이 제시하였으며 수업 및 교육과정 설계에 참고할 수 있다.

	선택	책임	학생 목소리	협력
학생 주도성 요소	• 학생 선택권의 점차적 확대 • 선택 능력 함양 교육의 병행 • 학습 시공간 확대: 학교 안팎, 온·오프라인	• 학생의 설명(과정 및 결과에 대한 해석) 강조 • 다양한 학생 평가 활동의 다각적 활용 • 학습 완결 경험의 강조	• 학생 질문 강조 • 학생 견해의 표현 및 공유 활동 강화 • 정체성 탐색, 형성, 협상 기회의 풍부한 제공	• 경험하는 타자의 범위 확대 • 학생 대화 유형의 다양화: 협력적 대화, 갈등적 토론 • 상보적 상호작용 강화: 학생 피드백 및 환류 단계 강조
조건	기초 지식에 대한 충실한 이해, 기초 기능 학습의 나선형적 반복 심화			

• 학생 주도성 계발을 위한 수업 형태의 예

학생 주도성 요소를 반영하여 다양한 형태의 학생 주도성 계발을 위한 수업을 설계하여 적용할 수 있다. 몇 가지 예를 살펴보자.

‣ 교과 통합 프로젝트형 학생 주도 수업

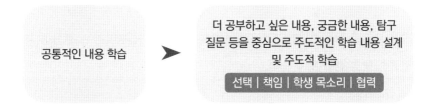

교사가 다양한 교과의 성취기준을 분석하여 실제 문제 상황 및 과제 선정

> 학생주도적 문제 해결
>
> 협력 | 책임

‣ 단원 학습 후 이루어지는 학생 주도 수업

공통적인 내용 학습

> 더 공부하고 싶은 내용, 궁금한 내용, 탐구 질문 등을 중심으로 주도적인 학습 내용 설계 및 주도적 학습
>
> 선택 | 책임 | 학생 목소리 | 협력

‣ 단원을 학생과 함께 설계하는 학생 주도 수업

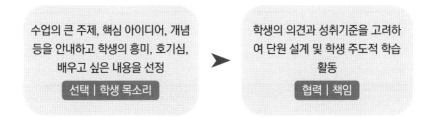

수업의 큰 주제, 핵심 아이디어, 개념 등을 안내하고 학생의 흥미, 호기심, 배우고 싶은 내용을 선정

선택 | 학생 목소리

> 학생의 의견과 성취기준을 고려하여 단원 설계 및 학생 주도적 학습 활동
>
> 협력 | 책임

‣ 학생 주도적으로 단원을 설계하는 학생 주도 수업

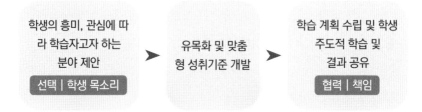

우리는 수업 설계와 적용 과정에서 학생의 흥미에 초점을 맞추어 단순한 선택에만 집중하게 되는 현상을 주의할 필요가 있다. 교사는 수업 설계 과정에서 학생과 함께 공동의 주도성을 발휘해야 하며 학습자의 흥미와 성취기준 또는 의미 있는 교육 내용과 연결될 수 있도록 안내하는 촉진자의 역할을 해야 한다. 수업이라는 다양한 요리를 만들어 놓고 좋아하는 음식을 선택하게 하는 게 아니라 함께 요리를 만들거나 비록 실패하더라도 직접 요리를 만들고 그 과정에서 소통하고 공유하며 협력하는 경험을 통해 주도성은 함양될 수 있다.

참고 자료

온정덕(2020), 초·중학교 교육과정 구성 방안 연구
고현국(2023), 초등학생의 주도적 수업 참여 유형 연구
박상준(2020), 학생 주도성(student agency)에 기초한 교육의 혁신 방안

학교자율시간

 개정의 배경

2022 개정 교육과정에서 가장 큰 변화는 '학교자율시간'의 신설이다. 지역과 학교의 특색을 고려하여 교육과정 개발이 필요하다는 점과 교육과정 편성의 자율성 확대를 요구하는 현장 의견이 반영된 결과다.

초·중학교에 도입된 학교자율시간은 고등학교에서 '수업량 적정화'의 일환으로 각 교과의 1학점 수업량을 50분 17회에서 16회로 감축하고 남은 시간을 활용하여 학교가 교과 융합 수업이나 미이수 보충 지도 등의 프로그램을 자율적으로 운영하도록 한 고교학점제에서 출발하였다. 이에 따라 초등학교에서도 학교자율시간을 통해 학교만의 특색 있는 교육과정 운영과 학생의 선택권 확대와 더불어 맞춤형 교육을 구현할 수 있는 여건이 마련되었다.

학교에서 다양하고 특색 있는 교육활동을 하기 위해 지금까지는 주로 교과(군)별 20% 범위 내의 시수 증감과 창의적 체험활동 시간을 주로 활용하였다. 하지만 교과 성취기준의 제약과 일부 제한된 영역 중심 적용으로 인해 현장에서는 자유롭게 적용되지 못했다. 이에 2022 개정 교육과정에서는 학교자율시간을 도입하여 필수 의무 시수 중심의 교육과정 운영에서 벗어나 유연하고 특색 있는 교육과정 개발과 학생의 선택이 가능한 여백을 마련할 수 있도록 하였다.

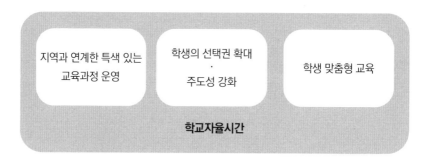

교육부에서 발표한 개정 교육과정 총론 시안의 학교자율시간에는 과목(활동)이라는 표현이 사용되었고 이로 인해 학교 현장에서는 선택 과목(활동) 개발과 운영을 핵심으로 인식하는 경향이 많은데 학교자율시간이 선택 과목(활동)이라면 수업이 펼쳐지는 교실의 입장에서는 제공의 주체가 국가든 시도 교육청이든 학교든 미리 결정되어 주어지는 또 하나의 과목에 지나지 않을 수 있다(2022, 온정덕). 교육과정 자율화의 목적이 권한 분배가 아니라 학습자에게 더 적합한 학습 기회를 제공하기 위함임을 분명하게 인식해야 한다. 학교자율시간을 통한 과목과 활동의 운영이 지역의 특색, 학교 여건 학생의 요구와 필요 등을 고려하여 교사와 학생이 함께 교육과정 의사결정에 참여하는 형태로 진행되어야 할 것이다(2023, 배은미).

용어의 의미

① 학교자율시간

학교자율시간이란 초등학교와 중학교에서 지역과 학교의 다양한 여건을 고려하여 특색 있는 교육과정 운영을 할 수 있도록 마련한 시간이다. 학교자율시간을 활용하여 국가 교육과정에 제시되어 있는 교과목 외에 학교급에 따라 새로운 과목이나 활동(초)을 개설할 수 있다(2021, 교육부).

학생 스스로 목표를 세우거나 교사 및 또래와의 다양한 상호작용과 탐구를 통해 교과의 내용을 심화, 확장하고 반성과 성찰을 제공하며 현실 세계의 복잡한 문제를 해결하는 경험을 제공할 수 있는 수업을 위한 시수를 의미한다(2020, 온정덕).

② 과목과 활동

학교자율시간을 활용하여 교육과정에 제시되어 있는 교과 외에 새로운 과목이나 활동을 개설할 수 있다. 그렇다면 과목과 활동은 어떻게 다른 걸까?

* 과목과 활동의 의미 *

과목	의미	교과를 공통될 만한 영역으로 나눈 것
	특징	· 학습해야 할 목표, 내용, 방법, 평가의 체계적인 설계 · 목표, 내용 체계 및 성취기준, 교수 · 학습 및 평가 방향 등을 구체적으로 제시
활동	의미	학습의 목표를 달성하기 위한 학습자의 유의미한 행위
	특징	· 학습자 주도성에 기초한 교육적으로 의미가 있는 행위와 실천 · 학습해야 할 목표, 내용, 방법, 평가의 유연한 구상과 탄력적인 적용

과목은 교과와 다르다. 교과(국어, 수학 등)는 국가 수준 교육과정에 명시되어 있다. 초등학교에서 정규 교육과정을 통해 가르치는 교과는 학교에서 임의로 선택할 수 없다. 하지만 학교자율시간을 활용하여 교육과정에 제시된 교과 외 새로운 과목은 자유로운 편성과 운영이 가능하게 되었다. 교과와 과목은 다른 개념이므로 혼동하여 사용하지 말아야 한다.

몇 가지 기준을 정해 학교자율시간에 활용할 수 있는 과목과 활동을 구분할 수 있다. 아래 표의 기준은 과목과 활동을 구분할 수 있는 관점을 갖추기 위해 임의로 설정한 것으로 시도 교육청 정책이나 후속 연구에 따라 과목과 활동의 정의는 부분적으로 달라질 수도 있다. 그럼에도 불구하고 과목과 활동을 다양한 측면에서 비교하고 이해하는 안목을 갖추는 것은 직접 학교자율시간을 개발하고 적용하는 교사에게 유용하다.

* 학교자율시간을 활용한 과목과 활동을 구분할 수 있도록 선정한 임의의 기준들 *

구분	학교자율시간을 활용한	
	과목	활동
의사결정	학교 또는 학년 수준	교사 수준
실천의 최소 단위	학교 또는 학년	학급
시수 편성	최소 17차시 이상	자율
적용 기간	학교 교육과정의 목표, 중점 교육활동 등과 연계하여 승인 후 지속적인 적용 및 수정 발전	학생의 흥미, 관심, 특성 등을 적극적으로 반영하여 학생이 주도적으로 설계할 수 있도록 매년 새롭게 개발 및 적용 가능
승인 절차	학운위 심의 또는 교육청, 지원청 승인	학교장 결재
수업 자료	교재, 교과용 도서	활동지, 교재

활동은 계획과 실천이 비교적 자유롭고 유연하다. 반면 과목은 형식과 내용이 체계성과 엄밀성을 갖추고 있어야 한다. 이미 중·고등학교에서는 고시 외 과목과 인정 도서 신청 업무가 이루어지고 있는데, 학교자율시간에 활용될 과목도 까다롭고 복잡한 승인 과정을 거쳐야 할 것으로 보인다. 총론에는 '시도 교육감이 정하는 지침에 따라 사전에 필요한 절차를 거쳐야 한다.'라고 되어 있다.

고시 외 과목을 승인받기 위한 중·고등학교의 절차도 함께 살펴보자.

＊ 고시 외 과목 신설 승인 신청 절차 및 신청서(중학교) 예시 ＊

교과용 도서가 인정되어야 최종 승인.
교과용 도서 미인정 시 과목 신설 승인 취소

고시 외 과목을 인정받으려면 절차가 복잡하고 교과용 도서에 대한 부분도 교과용 도서를 개발하거나 적합한 인정 도서를 찾아야 한다. 초등학교에서도 중고등학교처럼 동일한 절차와 내용으로 과목을 개설하기는 쉽지 않아 보인다. 기존 신청 승인서 항목에 맞춰 과목을 개발하는 게 다양

학교자율시간

한 과목을 가르치는 초등학교 특성상 쉽지 않기 때문이다. 중학교와 다르게 초등학교는 학교자율시간을 활용한 '활동'의 개설이 열려 있으므로 현실적으로 '활동'을 개설하는 경우가 많을 것이다. 초등학교의 특수성을 고려한 과목 승인 절차가 필요한 까닭이다.

2015 개정 교육과정 vs 2022 개정 교육과정의 학교자율시간 비교

＊ 학교자율시간 확보 및 운영 방안 ＊

2015 개정 교육과정	2022 개정 교육과정
교과(군)별 증감 범위 활용	교과(군) 및 창의적 체험활동 증감 범위 활용
연간 34주를 기준으로 한 시수 운영	한 학기 17주 기준 수업 시수를 탄력적으로 운영할 수 있도록 수업량 유연화 • 한 학기 17주 수업 → 16주(수업) +1회(자율 운영) 학년별 최대 58~64시간 확보 가능
→ 학교 특색 및 지역과 연계한 과목 및 활동 운영 시간 확보 어려움	→ 학교 특색 및 지역 연계 과목, 학생 주도적으로 설계 운영하는 활동 등 운영 가능

↓ 교육과정의 역할 ↓

국가 교육과정	(총론) 학교자율시간 도입을 위한 교육과정 근거를 총론에 마련 (각론) 한 학기 16주를 기준으로 개발하고 1회 분량은 자율 운영할 수 있도록 내용 요소와 성취기준 등을 유연하게 개발
지역 교육과정	지역과 학교 여건 등을 고려한 기준과 내용 개발, 지역 특색을 살린 자율 과목 및 활동 개발
학교 교육과정	지역과 연계한 다양한 교육과정 및 프로젝트 편성 운영, 교사 교육과정 활성화, 교과 교육과정에 대한 교사의 교육과정 편성 운영 자율성 강화, 학생 주도적인 활동 개발과 적용

① 학교자율시간과 유사한 기존 사례

학교자율시간은 2022 개정 교육과정에서 처음으로 도입된다. 하지만 2015 개정 교육과정을 적용하는 기간에도 유사한 형태로 여러 시도 교육청에서는 근거를 마련하여 시행하고 있었다. 이는 개정 교육과정의 학교자율시간과 많은 부분이 닮아 있다.

* 2015 개정 교육과정에서 학교자율시간과 유사한 사례 *

지역 교육청 (선택 활동명)	편성·운영 근거
경기도 (학교자율 과정)	- 학교는 학생이 배움의 주체가 되는 교육과정을 운영하기 위하여 교과(군)와 창의적 체험활동 시수를 활용한 '학교자율과정'을 편성할 수 있다. - 학교는 학교자율과정 운영을 위한 교과(군) 내 시수 조정, 성취기준 활용·구조화·개발, 교수 학습 및 평가 방법 설계 운영에 대한 자율권과 재량권을 가진다.
충청북도 (자율탐구 과정)	- 초등학교와 중학교는 학생의 삶과 앎이 연계되는 교육과정 편성·운영을 통하여 학교 교육 과정 자율화, 다양화를 이룰 수 있도록 교과(군)와 창의적 체험활동 시수를 활용한 '자율탐구과정'을 신설할 수 있다.
전라북도 (학교 교과목)	- 단위 학교의 교사 교육과정 차원에서 교과와 범교과 영역을 포괄하여 지역과 학생의 실정에 맞게 학교 자체적으로 범위와 계열성을 갖추어 개설하는 과목이다. - 학교는 학교 교과목을 주제에 따라 교과 내 또는 교과 간 통합으로 개발하여 실천할 수 있다.
경상북도 (학생 생성 교육과정)	- 학교는 학생이 배움을 스스로 계획하고 실행하며 성찰하는 학생 생성 교육과정을 운영할 수 있다.

출처: 경상북도교육청(2022)

② 총론에 제시된 학교자율시간

학교의 창의적인 교육활동과 학생의 흥미와 요구를 반영한 자율적인 학교 교육과정 운영 정책들이 기초가 되어 개정 교육과정에 학교자율시간이 도입되었다. 2022 개정 교육과정 총론에는 어떤 내용으로 기술되었는지 살펴보자.

＊ 2022 개정 교육과정 총론의 학교자율시간 ＊

3) 학교는 3~6학년별로 지역과 연계하거나 다양하고 특색 있는 교육과정 운영을 위해 학교자율시간을 편성·운영한다.

가) 학교자율시간을 활용하여 이 교육과정에 제시되어 있는 교과 외에 새로운 과목이나 활동을 개설할 수 있으며, 이 경우 시·도 교육감이 정하는 지침에 따라 사전에 필요한 절차를 거쳐야 한다.

나) 학교자율시간에 운영하는 과목과 활동의 내용은 지역과 학교의 여건 및 학생의 필요에 따라 학교가 결정하되, 다양한 과목과 활동으로 개설하여 운영한다.

다) 학교자율시간은 학교 여건에 따라 연간 34주를 기준으로 한 교과별 및 창의적 체험활동 수업 시간의 학기별 1주의 수업 시간을 확보하여 운영한다.

학교자율시간에 개설되는 과목이나 활동은 학생의 필요와 지역 및 학교의 여건에 따라 학교가 결정한다. 다양한 과목과 활동을 개설함으로써 학생의 적성과 진로를 고려하여 학생의 과목(활동) 선택권을 확대한다. 학교는 한 학기에 여러 활동이나 과목을 개설해서 운영할 수 있다. '과목'으로 개설할 경우 관련 교과(군)에 편성하고, 평가는 편제된 교과(군)에 준하여 시도 교육청의 학업성적관리시행지침에 따라 실시한다. 과목(활동) 개설시 학교 교육과정 편성·운영 설문, 학년(교과)군 협의회, 반성회, 토론회 등 교육공동체의 민주적 협의 과정을 거쳐 내용과 절차의 타당성과 완성도를 확보하기 위해 노력해야 할 것이다.

📝 학교자율시간을 활용한 과목(활동)의 승인 절차

과목과 활동의 승인 절차와 방법은 시도 교육감이 정하는 방법에 따르게 되어 있다. 승인 절차를 구성할 때는 무엇을 고려해야 할까?

- 승인 절차는 최대한 간소한 게 좋은가?
- 최종 승인권자는 누가 되어야 하는가?
- 최종 승인 시기는 언제가 적절한가?
- 새로운 과목과 활동의 승인 절차는 같을 필요가 있는가?
- 새로운 과목과 활동의 개발 주체는 누구인가?
- 기존 중·고등학교 선택 과목 승인 절차나 교과용 도서 승인 과정에서 참고할 만한 내용은 무엇인가?
- 다른 시도 교육청 사례에서 참고할 만한 점은 무엇인가?

승인 절차 구성 시 고려 사항에 대해 함께 살펴보자.

첫째, 새로운 과목(활동) 구성의 질적 내실화를 뒷받침하는 절차가 수립되어야 한다. 2022 개정 교육과정의 학교자율시간 도입 취지와 의도를 살린 내용 구성을 위해 학교와 교사의 자율성 증대, 학생이 주도하는 내용 구성을 통한 역량 함양 취지를 훼손하지 않는 절차가 마련되어야 할 것이다. 더불어 주어진 교육과정에서 교육공동체가 함께 만들어 가는 교육과정의 실질적 장치가 될 수 있도록 하는 승인이 필요하다. 또한 과목(활동) 개발의 질을 높이고 관리할 수 있는 장치로서의 절차가 되어야 한다. 이념, 종교, 성, 사회적 지위 등 비교육적 내용을 걸러내고 「선행학습금지법」에 위반되는 내용이 포함되지 않도록 하며 학습자의 발달 단계를 고려하여 학습 부담이 가중되지 않는 내용이 될 수 있어야 한다.

둘째, 승인 절차의 간소화로 실질적 부담을 경감하는 절차가 수립되어야 한다. 단위 학교와 교사의 업무 부담을 최소화하며 만들어 가는 교육과정을 가능하게 하는 유연하고 탄력적인 승인 과정이 필요하다.

셋째. 새로운 과목과 활동의 승인 절차를 구분하여 각각의 특색을 살릴 수 있는 장치가 마련되어야 한다. 활동이 갖는 유연성·자율성은 살리고 과목이 갖는 체계성·엄밀성을 구분하여 이원화할 필요가 있다. 중학교와 다르게 초등학교에만 제시된 '활동'을 살려 운영할 수 있는 절차를 마련한다. 초등학교는 기본적으로 교과 통합적인 활동이 많으므로 엄격한 과목의 체계와 구성을 따르기보다 기존 활동을 활용할 수 있는 절차 탐색이 필요한 것이다.

* 학교자율시간을 활용한 과목, 활동의 유형별 승인 절차 제안 *

구분	개발 주체	활용 범위	승인 절차	승인 시기	비고
활동	학교 (학급, 학년)	학교 내	학교장 결재	적용 전(수시)	활동지 교재
과목	학교 (학급, 학년)	학교 내	학교장 결재 → 학교운영위원회 심의	학년 시작 전 2월	활동지 교재
		도내 모든 학교 (학교 내 포함)	학교장 결재 → 학교운영위원회 심의 → 교육지원청 승인	시행 전년도 11월 30일	
	경상남도 교육청 (지원청, 직속 기관)	도내 모든 학교	교육감 승인	시행 전년도 5월 30일 (과목 승인) 시행 전년도 11월 30일 (인정 교과서 사용 및 개발) ※ 학기 시작 3개월 전	교과용 도서

특징
· 과목과 활동을 이원화한 승인 절차
· 과목은 개발 주체(학교, 교육청)에 따라 서로 다른 승인 절차
· 최종 승인권자의 다양화
· 과목과 활동의 특성에 따라 최종 승인 시기 조정
· 활동지, 교재, 교과용 도서 활용에 따라 최종 승인권자 구분

📑 학교자율시간 편성 운영 절차

① 학교 단위 일반적인 편성·운영 절차

학교 교육과정 편성 운영 절차		학교자율시간 편성 운영 연계
단계	시기(월)	
준비하기	11~12	• 학교교육과정위원회에서 내용 검토, 방향 설정, 편성 계획 수립 • 국가, 지역 수준 교육과정 분석을 통한 편성 시사점과 방향 모색 • 과목(활동) 편성을 위한 학교 여건, 지역사회 자원 등 가용 자원 진단 및 분석 • 학부모 및 학생 수요 조사를 위한 설문 개발 및 조사
편성하기	12~2	• 학교 교육과정 철학과 비전, 목표 및 중점 교육활동과 학교자율 과목의 연계 • 학교자율시간을 위한 학기별 시간 확보 • 학교자율시간 운영 계획 수립 • 시도 교육청 지침에 따른 승인 과정
운영하기	3~11	• 학생, 교사가 함께 만들어 가는 학교 자율 과목(활동) 운영 • 학생 의견이 반영될 수 있는 공간 마련 • 학생 주도성을 발휘할 수 있는 내용 구성과 방법 적용 • 전문적 학습 공동체를 활용한 과목(활동)의 질 관리
평가하기	11~12	• 학생, 학부모 만족도 조사 • 차기 연도 학교 자율 과목(활동) 편성·운영을 위한 개선 방안 도출 • 피드백 및 나이스 기록

② 학생 주도의 학교자율시간 편성·운영 절차: 경상북도 학생 생성 교육과정

경북의 학생 생성 교육과정이란 학생이 주도적으로 배움을 계획하고 실행하며 성찰하는 교육과정을 의미한다. 교과(군)별 범위 내 시수 증감을 통해 학교자율시수를 연간 시간 20% 내외로 확보하고 교과와 창의적 체험 활동을 연계하여 운영한다. 학생 생성 교육과정의 실행 절차는 일반적으로 계획, 실행, 공유, 성찰의 단계로 이루어지는데 단계별 구체적인 실행 내용은 아래와 같다.

* 경상북도 학생 생성 교육과정의 실행 절차 *

단계	내용
계획(Plan)	학습자의 학습 요구를 구조화하고 정교화하여 배움으로 이어질 수 있도록 설계하는 과정입니다. 학습자가 충분한 자유 탐색의 시간을 가지고 자신이 궁금하거나 해결하고 싶은 문제를 찾아 질문을 생성합니다. 교사는 학생들의 질문을 유목화하여 팀을 구성하고 핵심 질문을 생성하게 합니다. 핵심 질문을 토대로 학생이 무엇을 배울 것인지 스스로 정하게 하고 교사는 이를 정교화, 구조화해서 교육과정 성취기준과 연결하거나 새롭게 생성합니다. 'GRASPS' 기법을 활용하여 수행 과제를 설정하고 성취기준에 학생들이 도달했는지를 알 수 있는 평가 기준을 마련합니다. 마지막으로 과정 전체의 시간과 내용이 포함된 학습 계획을 수립합니다.
실행(Do)	수행 과제를 2~4단계의 세부 과제로 나누어 실제 수행하는 단계입니다. 관련 자료를 수집하거나 해결 방안을 찾고 해결한 결과를 발표물로 만드는 등의 세부 과제를 수행하면서 과제를 해결합니다.
공유 (Share)	학생들이 수행한 결과물을 발표하고 보완합니다. 발표하는 방법은 학습 조직의 규모나 주제에 따라 다양한 방법을 적용합니다.
성찰 (Review)	계획 단계에서 작성한 평가 기준에 의해 자기 평가, 동료 평가를 실시하고 자기 소감문 등의 활동을 통해 과정 전반을 되돌아봅니다. 또한 후속 수행 과제를 계획할 수 있습니다.

출처: 경상북도교육청(2022)

학교자율시간의 시수 확보

① 학교자율시간 확보 방법

⟫⟫ 학교자율시간의 최대치를 확보하는 방법

학교자율시간은 연간 34주를 기준으로 교과별 및 창의적 체험활동의 학기별 1주 수업 시간을 확보하여 운영한다. 이때 체육, 예술(음악/미술) 시간은 배정하지 않는다. 시수를 확보할 때는 특정 교과의 시수를 학교자율시간에 많이 할당하여 학습 결손이 생기거나 균형 잡힌 학습에 방해가 되지 않도록 각 교과에서 고루 확보할 수 있도록 노력할 필요가 있다. 이렇게 확보된 자율 시간은 특정 학기나 월, 주에 집중하거나 분산하여 운영된다.

학교자율시간의 운영 대상은 3~6학년이며, 3~6학년 중 최소 한 학기 이상을 편성·운영해야 한다. 학교 구성원들과 민주적인 협의 과정을 거쳐 매 학년 운영하거나 매 학기, 또는 학년군 단위로 운영 횟수와 시기를 결정할 수 있으며 학년·학기별 운영에 관한 사항은 학교장이 결정한다.

실제 학년별 학교자율시수를 확보할 경우에는 각 학년에서 편성한 '총 수업 시간 수'에 따라 학교자율시간을 편성한다. 예를 들어, 초등학교 3~4학년의 학교자율시간 운영 시수는 다음과 같이 확보할 수 있다.

＊ 3~4학년의 학교자율시간 운영 시수 확보의 예 ＊

학년(군)	3학년	4학년
3~4학년군 총 시수	2,038	
학년별 총 수업 시간 수	999	1,039
학교자율시간 운영 시수(학기별)	29.38 (999÷34)	30.56 (1039÷34)
학교장 최종 결정(학기별)	29시간 또는 30시간	30시간 또는 31시간

>>> 학교자율시간 시수를 교과별로 확보하는 방법

34주를 1주로 나누어 교과별로 균등하게 시수를 확보하되 예술, 체육 교과 시수는 학교자율시간에 할당하지 않는 조건으로 편성한 교과별 시수 확보 방안이다. 만약 예술, 체육 교과 시수도 학교자율시간에 할당할 수 있게 된다면 아래 표에서 비고에 제시된 시수를 제외하고 음악, 미술, 체육도 동일하게 학기별 1주의 시간을 확보하면 모든 교과에서 균등하게 시수를 확보할 수 있다.

교과와 창체 주당 배당 시수를 고려한 균등 확보

* 3~4학년군(29차시)

* 교과 25차시, 창체 4차시 확보하여 학기 29차시(1주 분량) 확보 예 *

교과	국	수	사	과	영	음	미	체	도	창	계
주당 시수	6	4	3	3	2	2	2	3	1	3	29
확보 시수	7	5	4	4	3	0	0	0	2	4	29
비고	+1	+1	+1	+1	+1	–	–	–	+1	+1	

* 5~6학년군(32차시)

* 교과 28차시, 창체 4차시 확보하여 학기 32차시(1주 분량) 확보 예 *

교과	국	수	사	과	영	음	미	체	실	도	창	계
주당 시수	6	4	3	3	3	2	2	3	2	1	3	32
확보 시수	7	5	4	4	4	0	0	0	3	1	4	32
비고	+1	+1	+1	+1	+1	–	–	–	+1	–	+1	

② 학교자율시간을 일부 확보하여 운영할 경우의 절차

만약 위에 제시된 표와 다르게 교과별로 균등하게 시수를 확보하지 않고 특정 교과에서 보다 많은 학교자율시수로 할당할 수도 있을 것이다. 이때도 특정 교과에 너무 많은 시수를 감축하여 학습 결손이나 수업 부담이 생기지 않도록 배려해야 하며, 일부 시간을 확보할 경우 아래의 절차에 따라 시행할 수 있다.

* 학교자율시간을 일부 확보하여 운영할 경우의 절차 *

절차	주요 내용	예시
① 확보할 시수 결정	• 학교자율시간을 몇 차시나 운영할 것인가? • 학교자율시간 과목(활동) 내용 고려 • 교육공동체의 의견 수렴	마지막 주에 3일간 집중적으로 운영하려면 20차시가 필요하군.
② 확보할 교과 선정	• 어떤 교과에서 학교자율시간을 확보할 것인가? – 전체적인 진도표와 시간 운영 계획 고려 – 다른 프로젝트 시간 확보와 연계 – 우리 반 학생의 요구, 성취도 고려한 확보 – 중점 및 특색 교육활동을 고려하여 시수를 확보할 교과 선정	수학과 예체능은 제외하고 다른 교과에서 20차시만 확보해야겠군.
③ 최종 시수 확정	• 20% 시수 증감 여부 검토 • 학교자율시간 확보와 교과 최종 시수 확정	국어 5, 과학 5, 사회 5, 영어 5시간 확보해야지. 교과(군)별 20% 범위를 넘지 않으니 문제가 없겠군.

학교자율시간을 일부 확보할 때 어떤 교과에서 얼마큼 시수를 확보할 것인지에 대한 결정은 학교나 학년의 전체적인 시수 편성 방향을 고려하여 결정하는 것이 좋다. 수학 기초 학습 강화를 위해 수학 시수를 증배한 학년에서는 굳이 수학 교과 시수를 학교자율시간에 무리하게 배정할 필요가 없다. 또한 특정 교과에서만 집중적으로 시수를 할당한다면 해당 교과의 성취기준을 학습하는 데 문제가 생긴다. 균형 잡힌 학습을 위해 학교자율시간을 지혜롭게 배정하는 노

력이 필요하다. 해설서 개발 과정에서 학기별 1주의 시간은 반드시 한 학기에 모두 편성·운영해야 한다는 방침이 새롭게 제안되었고 최종 어떻게 결정될지 아직은 미지수다. 학교자율시간이 강제된 자율성이 되지 않도록 학교와 교실의 여건에 따라 시수 편성의 자율성을 현장에 열어주는 것이 자연스러울 것이다.

학교자율시간의 내용 구성 유형

학교자율시간을 무엇으로 채울 것인가 하는 문제의 의사결정은 교사, 학생, 학교가 함께 고민해 만들어 가야 한다. 단지 교사가 내용을 결정하고 학생이 참여하거나 학생이 모든 것을 결정하는 형태도 바람직하지 않다. 함께 소통하고 고민하며 교사와 학생이 모두 주도성을 발휘하는 가운데 내용을 결정해야 한다.

* 학교자율시간 내용 구성 유형의 예 *

학교자율시간 내용 구성	설명
학생 주도 설계	학습자가 교사와 함께 스스로 목표를 세우고 교사 및 또래와 다양한 상호작용과 탐구를 통해 교과의 내용을 심화·확장하는 형태
교과 통합 설계	교사가 현실 세계의 문제 상황 또는 여러 교과 지식을 통합하여 활용해야 하는 상황을 제시하고 학습자가 다양한 상호작용과 탐구를 통해 배운 내용을 적용해 볼 수 있는 형태
지역 연계	지역의 환경, 문화, 인적 자원 등을 활용하여 정규 교육과정을 통해 제공하기 힘든 학생의 요구와 필요를 채워 줄 수 있는 내용 구성
학교 목표 및 특색교육활동 연계	단위학교 교육과정의 목표 및 특색 교육활동과 연계한 창의적인 프로그램을 개발하여 적용하는 형태
기초 소양 강화	언어, 수리, 디지털 소양 강화를 위해 성취기준을 분석하고 학습자의 발달 단계에 맞는 내용을 구성하여 기초 소양을 체계적으로 강화하는 형태

학교자율시간의 다양한 운영 방식

학교자율시간은 운영 목적, 구성원의 요구, 교육 환경, 준비도 등의 요소에 따라 다양한 형태로 운영될 수 있다. 학교에서는 교육공동체 의사결정 과정을 거쳐 우리 학교에 가장 적합한 운영 형태를 선택하여 운영하면 된다. 여기서는 간단히 세 가지 기준으로 구분해 보고자 한다.

＊ 학교자율시간의 운영 형태를 구분하는 세 가지 기준 ＊

① 대상 – 몇 학년을 대상으로 운영할 것인가?
② 시기 – 언제 운영할 것인가? 운영 시간은 어떻게 배치할 것인가?
③ 주체 – 학교자율시간의 의사결정 주체는 누구인가?

① 대상 – 몇 학년을 대상으로 운영할 것인가?

학교자율시간의 운영 대상은 3~6학년이다. 교육과정 총론 지침에는 '3~6학년별'로 학교자율시간을 편성 운영한다로 기술되어 있다. 즉, 문자 그대로 해석한다면 3학년부터 6학년까지 '학년별'로 운영해야 한다. 하지만 총론 고시 후 현장 의견 수렴 과정에서 여러 가지 어려움으로 인해 학년군별로 운영하거나 3~6학년 중 최소 하나 이상의 학년이 운영하는 것으로 해석이 나누어지고 있다. 하지만 이러한 해석은 어디까지나 최소한의 적용 범위를 의미하는 것으로 여건이 허락한다면 모든 학년이 학교자율시간을 운영해도 무방하다. 최소 적용 대상에 대한 기준이 현재는 명확하지 않아 운영 대상에 대한 몇 가지 구분이 가능하다.

적용 대상	설명	비고
예시 1	학교자율시간 적용 범위 내 모든 학년	3학년, 4학년, 5학년, 6학년
예시 2	학년군별 1개 학년	3~4학년군 중 1개 학년 5~6학년군 중 1개 학년
예시 3	3~6학년에서 1개 이상의 학년	3~6학년 중 1개 학년 가능 3~6학년 중 2개 학년 가능 (3, 6학년 가능) 3~6학년 중 3개 학년 가능 (3, 5, 6학년 가능)

② 시기 – 언제 운영할 것인가? 운영 시간은 어떻게 배치할 것인가?

학교자율시간을 운영하는 시기의 조율이 필요하다. 앞서 적용 대상을 결정했다면 우리 학교의 학사 일정과 교육과정 운영 계획을 살펴보고 1학기나 2학기 중 선택하거나 연중 운영할 수도 있을 것이다.

학교자율시간의 운영 시간 배치는 특정 기간에 집중하여 운영하는 집중형, 매주 고정된 시간에 운영하는 고정형, 운영 목적과 내용에 따라 탄력적으로 운영하는 분산형 등의 시간 배치가 가능하다.

학교자율시간 운영 시기
1학기
2학기
연중

시간 배치	예시
집중형	학기 말 7월 3~4주 전일제로 운영
고정형	매주 월요일 1교시 운영
분산형	학교 자율 과목(활동)의 주제와 연관되는 교과 수업이나 체험활동과 연계하여 수시 운영

③ 주체 – 학교자율시간의 의사결정 주체는 누구인가?

학교자율시간을 활용한 과목(활동)의 목표, 내용, 방법, 평가, 시수 등을 실질적으로 누가 결정하는지 의사결정 주체에 따라 다양한 형태로 구분할 수 있다.

구분	의사결정 수준	비고
개별 학생 주도형	개별 학생 수준	개별 학생에 의한 의사결정
학급형	학급 수준	학급 구성원의 협의에 의한 의사결정
학년형	학년 수준	학년 구성원의 협의에 의한 의사결정
학교형	학교 수준	학교 구성원의 협의에 의한 의사결정

학교에서 설정된 학교자율시간의 운영 방향에 따라 적합한 의사결정 유형을 선택하여 활용하는 것이 교육적 효과를 높일 수 있다. 때론 개별 학생이 주도성을 발휘하여 의사결정 과정에 참여하는 경험이 필요하며 경우에 따라서는 학년에서 의견을 모아 함께 운영하는 것이 필요하기도 하다. 또한 학교 단위의 의사결정을 통해 전 학년이 같은 주제를 수준을 달리하여 운영해야 하는 경우도 있다. 중요한 것은 위의 다양한 운영을 상황과 목적에 맞게 적절히 혼합하여 학교 교육과정 전체를 균형 있게 운영하는 안목일 것이다.

📑 학교자율시간, 교육 현장의 시선과 감정

 학교자율시간의 가장 중요한 취지는 교육과정 전문가인 교사의 관점에서 보았을 때 '교사 교육과정 활성화, 교과 교육과정에 대한 교사의 교육과정 편성 운영 자율성 강화'임을 총론(학교자율시간 확보 및 운영 방안)에서 밝히고 있다. 신설된 학교자율시간을 두고 2022 개정 교육과정 수립에 참여한 어느 전문가는 "교육과정 전문가인 교사에게 큰 선물이 될 것이다."라고 말했다.

 학교, 교사의 권한과 자율성 확대라는 이름으로 주어진 학교자율시간. 과연, 교육 현장에서는 어떻게 바라보고 어떤 말이 오가고 있을까?

 경상남도교육청에서는 올해 7월 학교자율시간을 활용한 새로운 과목(활동) 개발 운영 방향을 주제로 포럼을 개최하였다.
 도내 교육과정 담당자를 대상으로 마련한 자리였지만 시도 교육청 장학사, 교장, 교감, 각 학년 담임교사 등 다양한 위치와 역할을 가진 구성원들이 참여하여 '학교자율시간'에 대한 현장의 감정과 시선이 대략 어디에 머물러 있는지를 짐작할 수 있었다.
 아래 내용은 포럼에서의 질문 몇 가지를 뽑은 것이다.

> – 프로젝트 학습과 유사해 보입니다. 어떤 차이점이 있을까요?
>
> – 우리가 현재 하고 있는 교육과정 재구성으로도 학교자율시간의 취지 구현이 가능하지 않나요?
>
> – 창체의 자율활동이나 동아리 활동으로도 '학교자율시간'과 같은 활동을 할 수

학교자율시간

있습니다. 학교자율시간이 왜 필요한지 의문입니다.

- 대전제와 취지가 학생의 주도성과 선택권이라면 지원청 단위 선택 활동을 개설하면 됩니다. 불가능해 보이고 어려운 학교 단위 새로운 과목을 왜 개설하려고 합니까? 학교 자원이 그 정도로 다양하고 풍족하다고 생각하나요?

- 국가에서 개발해서 주실 순 없나요? 최대 5년까지 학교에 있는데 누가 책임을 지고 끝까지 새로운 과목을 개발할 수 있을지 의문입니다. 결국 연구부장의 역량에 따라 질이 달라질 수밖에 없는 것 같습니다.

- 새로운 과목과 활동을 꼭 만들어야 하나요?

- 기존의 범교과 주제 학습으로 재구성해서 운영해도 되나요?

- 과목을 개설하려면 체계적인 설계와 전문성이 필요하다고 생각합니다. 그런데 초등학생이 이런 개발의 설계자로서의 역할 수행이 실제로 가능할까요? 그리고 학습자의 주도성을 기르는 것이 목표라면 학급에서 다양한 프로젝트를 운영할 수 있도록 정책적으로 교사의 수업권과 자율성을 더욱 확보해 주면 되지 않나 하는 생각이 듭니다. 과목이라고 하니 프로젝트 학습보다 유연성이 사라지는 느낌입니다. 그리고 작은 학교일 경우 한 학년에 한 반밖에 없는데 담임 혹은 2명의 학년군 선생님이 새로운 과목을 구성하기는 어렵고 막막할 거라고 생각합니다.

- 국가 교육과정에서 다루는 성취기준을 가르쳐야 하는 압박이 있는 상황에서 선택권을 부여한다고 하여 시도하려는 의지가 생기지 않습니다. 교육과정 감축의 부담을 줄여 주는 등 여러 가지 현실적 지원이 필요합니다.

다양한 질문이 있었지만 유사한 내용은 유목화하여 대표성을 띠는 내용만 정리한 것이다. 질문을 살펴보면 현장 교사들의 '학교자율시간'에 대한 감정이 고스란히 드러난다.

'굳이, 왜?'라는 꼬리표가 붙어 있다.

포럼에 참석한 교사들은 학교에서 교육과정 업무를 담당하고 문해력이 높은 편인데도 학교자율시간에 대한 이해 정도가 제각각이고 다양한 부분에서 여전히 풀리지 않는 질문이 맴돌고 있다는 걸 알 수 있었다. 오해도 많고 과도한 걱정도 있다. 이분들이 학교로 돌아가 동료 선생님들과 함께 학교자율시간을 의미 있게 만들어 가는 데 앞장서야 한다. 스스로 질문에 대한 답을 찾고 학교 구성원을 설득해 가는 과정이 필요할 것이다. 학교자율시간의 성패는 여기서 결정된다.

질문을 교육적 관점에서 유목화하면 다음의 몇 가지로 간추릴 수 있다.

> - 왜, 필요한가(굳이, 왜)?
>
> - 기존의 것과 무엇이 다른가?
>
> - 누가 개발해야 하나?

- 왜, 필요한가?

포럼에서 수많은 질문과 생각이 오갔지만 드러난 감정은 기대와 희망보다는 당혹감과 불만이 더 크게 느껴졌다. 일상에서 만나는 교사들의 말을 들어 보아도 별반 다르지 않다. 교사의 에너지를 교육적인 일에 오롯이 쓸 수 없는 현실을 생각해 보면 대번에 이해가 되지만 이해가 되는 감정이라 오히려 더 씁쓸하다.

무엇 하나 뚜렷하지 않은 미래를 위해, 아이들이 그 미래를 잘 살아갈 수 있도록 돕기 위해 교육과정이 개정되었다. 2022 개정 교육과정의 핵심은 내 삶의 문제를 학생 스스로 해결할 수 있는 힘을 기르는 역량 교육, 학생의 다양한 특성을 담아 개별적 성장을 돕는 맞춤형 교육, 자기 삶의 주인으로서 능동적인 태도와 자세를 가지도록 하는 학습자 주도성 교육을 지원하기 위한 것이다. 학교자율시간은 이러한 2022 개정 교육과정의 꽃이라 할 수 있다.

학교자율시간은 학교(지역), 학생의 다양한 특성과 교육적 요구 그리고 우리 학교, 우리 교실에 꼭 필요한 교육을 구현할 수 있는 새로운 교육적 공간(시간)이다. 학교자율시간은 교육과정 전문가로서의 교사가 별다른 제약 없이 유연하고 자유로운 교육을 설계하여 운영할 수 있다. 그러므로 학교자율시간을 나만의 특색 있는 교사 교육과정을 만들 수 있는 강력한 무기(전에 없던)라고 할 수 있겠다. 교육과정의 분권화, 자율화의 흐름에 따라 계속 강조되고 있는 '교사 교육과정 문화'가 정착되고 활발한 동력을 갖기 위해서는 교사가 주도성을 발휘할 수 있는 공간이 필요한데 이러한 필요를 쉽게 충족시킬 수 있는 것이 학교자율시간이다. 교과와 창체의 두 영역으로 나누어진 현재 교육과정 체제에서는 학생의 개별적 특성, 필요와 요구를 담은 교사 교육과정을 구성하는 것이 여간 힘든 것이 아니다. 교사의 무모한 희생과 기약 없는 열정 페이를 요구한다. 교과별 고유의 내용 체계나 성취기준으로 빼곡한 교과와 내 뜻과는 상관없이 이미 정해진 내용으로 채워진 창의적 체험활동으로 구성되어 있는 현행 교육과정은 그야말로 '교사의 남다른 열정과 교육적 능력'에 기댈 수밖에 없다.

그렇기에 내실 있고 특색 있는 교사 교육과정을 위해서는 새로운 공간이 필요하다. 이러한 필요와 요구에 의해 학교자율시간이 만들어졌다. 학교자율시간을 바라보는 시선이 목적과 취지에 있지 않고 운영 방식, 시간 확보, 절차, 결재 등과 같은 형식에만 머물러 있으면 불편한 감정이 생길 수밖에 없다.

학교자율시간의 활용적 측면을 아주 간단하게 표현하면,

'내가 하고 싶은 것(교육)을, 내가 하고 싶은 방법과 내용으로, 내가 하고 싶은 만큼' 하면 되는 것이다. 미래 교육을 둘러싼 거창한 교육적 미사여구에 포위되어 '빛 좋은 개살구' 같은 내용으로 채우지 않아야 한다. 우리 학교와 교실에 필요하고 내가 하고 싶은 것이면 무엇이든, 아주 사소하고 쉬운 것부터 시작하면 된다. 마음에 내키는 활동으로 할 수 있는 만큼만 하면 된다.

다시 처음으로 돌아와서 질문과 마주하자.

"학교자율시간, 왜 필요한가?"

우리 지역, 학교, 교실의 환경과 특성을 전혀 모르고, 우리와 상의한 적도 없는 국가가 만든 교육과정으로는 우리 아이들이 필요로 하고 요구하는 교육을 할 수 없다. 학교자율시간은 우리 학교, 교실 속 학생들이 현재의 삶과 미래를 위해 필요한 것을 스스로 만들어 누리고 스스로 삶을 가꾸기 위한 힘을 기르도록 돕기 위해 필요하다.

- 기존의 것과 무엇이 다른가?

학교자율시간을 기존의 것과 구분할 때, 종종 비교되는 것이 주제 중심 교육과정(프로젝트 수업)과 창체의 자율활동, 동아리 활동이다. 주제 중심 교육과정(프로젝트 수업)은 교과에 기초해서 설계해야 하기 때문에 성취기준의 울타리 밖을 벗어날 수 없다. 국가 교육과정(성취기준)에는 없는 우리 교실에 꼭 필요한 교육, 학생이나 학부모가 요구하는 교육을 계획하려고 할 때 가장 먼저 확인해야 할 것이 '성취기준'이다. 다행히 교사가 구성하고 싶은 교육 내용과 우리 학년(군)의 교과와 연관되는 성취기준이 있으면 별다른 문제가 없다. 물론, 성취기준을 찾아 재구조화하는 과정에서 교사의 교육적 역량과 엄청난 수고가 요구된다. 그러나 관련 성취기준이 없으면 이마저도 생각할 수 없다. 성취기준을 억지 해석해서 무리하게 추진하지 않는 이상 아예 포기하여야 한다.

이와 달리, 학교자율시간은 성취기준이나 기존 교과의 형식적인 틀이 제한하지 않기 때문에 자유롭고 유연한 내용과 형식(활동형)이 가능하므로 우리 학교와 교실의 필요와 요구를 언제든지 반영할 수 있다.

자율활동, 동아리 활동과 학교자율시간도 비교해 보자. 전자는 '창의적 체험활동의 한 영역으로서 활동 자체의 목적과 실천 영역 등이 교육과정에 명시되어 있어 분명한 한계를 가지고 있지만 후자인 학교자율시간은 국가 수준에서 목표나 내용을 제시하고 있지 않아 한계나 제약에서 보다 자유로운 여백의 공간이다.' 정도로 억지로 구분을 할 수 있겠지만 머릿속이 깨끗하게 교통정리가 되는 느낌은 아니다.

그런데, 굳이 왜 구분해야 할까? 학교자율시간은 기존 교육과정의 한계를 극복하고 자율성을 확대하기 위해 새로 만들어진 것이므로 기존의 것과 구분할수록 수많은 억지만 낳을 뿐이다. 지금 필요한 건 무모한 구분이 아니라 학교자율시간이 어떤 목적과 취지에서 생겨났는지를 이해하고, '교사 교육과정을 위해 교사가 활용할 수 있는 강력한 무기가 하나 더 생겼다.'라고 받아들이는 수용적 태도이다.

✱ 학교자율시간과 기존의 재구성(주제 중심, 프로젝트) 비교 ✱

재구성과의 가장 큰 차이점은 미리 주어진 성취기준이 없다는 점입니다. 따라서 학교의 특색과 학생의 필요 흥미 요구에 적극적이고 전적으로 반응할 수 있는 가능성이 열려 있습니다. 기존의 재구성과 프로젝트와의 차이점이 되겠지요. 애초에 프로젝트는 성취기준에서 출발하므로 학교자율시간과 출발선이 다릅니다. 정해진 메뉴와 조건이 있는 상태로 음식을 만드는 것과 우리가 원하는 것을 처음부터 선택하는 것의 차이랄까요? 그렇다면, 기존 재구성이나 프로젝트와 학교자율시간은 어떻게 연결 지을 수 있을까요

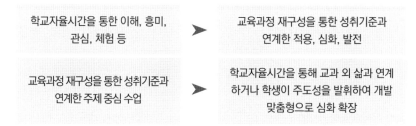

✱ 학교자율시간과 창의적 체험활동 비교 ✱

성취기준이 없다는 점과 학생 주도의 운영, 자율성 측면에서 동아리 활동과 유사하다고 생각될 수 있겠으나, 동아리 활동보다 많은 자율성이 확보되어 있습니다. 동아리 활동도 엄연한 목표와 영역 등이 명시되어 있습니다. 학교자율시간은 목표, 내용, 방법 등을 학교에서 결정합니다.

- 누가 개발해야 하나?

학교자율시간은 학교와 교실에서 교사(사용자)가 실제로 구현하여야 할 공간(시간)이기 때문에 관련한 사용자가 설계하여 운영하는 것이 가장 자연스럽다. 학교자율시간 도입의 취지와 목적을 생각해 볼 때, 시도 교육청이나 유관 기관에서 내용과 형식을 개발해서 보급하자는 논리는 받아들이기 어렵다.

2022 개정 교육과정에서는 학교자율시간을 위해서 성취기준을 16주를 기준으로 개발하였으며, 교과별 시수도 16주 기준으로 편성하고 1주를 학교자율시간으로 할당하였다. 즉, 16주 기준으로 성취기준이 개발되어 1주 분량만큼 교과 내용이 감축되었고 1주 분량의 자율성이 확보되었다는 것이다. 기존의 교육과정에서 새로운 것이 추가된 것이 아니라 기존의 시수를 배분해서 새로운 것(학교자율시간)을 만든다는 뜻이다. 앞서 언급했듯 학교자율시간의 도입 목적 중 가장 중요한 한 가지는 '학생 주도성 함양'이다. 학생 주도성은 학생이 하고 싶은 것, 필요한 것, 삶과 관련 있는 것을 배울 때 살아난다.

가장 잘 아는 사람은 누구인가? 그렇다면 누가 개발해야 할까?

물론, 학교와 교사가 학교자율시간을 설계해야 하지만, 참고 자료가 될 수 있는 다양한 사례를 개발·보급하는 일이나 운영에 필요한 재정적, 환경적 지원은 시도 교육청에서 마땅히 해야 할 것이다.

이 글을 쓰는 현재도 학교자율시간의 세부 적용 방안과 기준에 대한 의견이 분분하다. 어쩌면 위 기술된 내용 중 상당 부분이 불필요하게 될지도 모르겠다. 최소 한 학기 이상 적용해야 하는지, 학기 단위로 적용할 때는 반드시 1주 분량은 필수적으로 적용해야 하는지, 예체능 교과 시수의 감축은 불가한지, 관련 교과로 편성하고 20% 시수 범위의 제약을 받아야 하는지 등 해석이 분분하고 의견 갈등이 생긴다.

한 가지 분명히 하고 싶은 건 학교자율시간의 본래 도입 취지를 잊지 말자는 것이다. 학교와 교사의 자율성을 확장하여 결국 학생 한 명 한 명에게 적합한 맞춤형 교육과 주도성을 살릴 수 있는 여유 공간을 확보하고자 했던 원래 취지를 거스르지 않는 세부 규칙들이 만들어져야 한다. 강제된 자율성에서 벗어나 배움과 성장을 촉진하는 진정한 자율성이 국가 수준의 교육과정에부터 확대되길 기대해 본다.

참고 자료

이주연(2022), 2022 개정 초중학교 교육과정 운영 방안 연구
온정덕(2020), 초·중학교 교육과정 구성 방안 연구
에듀넷티클리어, 2022 개정 교육과정 연구학교 보고서

시수 증감

 개정의 배경

　교과(군) 20% 시수 증감 지침은 교과 교육과정 운영의 자율성을 높이는 방안으로 2009 개정 교육과정에서부터 적용되었다. 그 결과 국가 수준 교육과정에 제시된 교과(군) 시수는 유연하게 증감이 가능한 기준 시수가 되었다. 학교와 교사는 20%의 범위에서 교과 시수를 증배하거나 감축하여 유연하고 탄력적인 교육과정을 편성·운영할 수 있는 자율성을 보장받았다. 하지만 주어진 자율성을 목적에 맞게 활용하는 데는 여러 가지 한계가 있었다. 다수의 연구 자료에서도 20% 시수 증감 지침이 형식적으로 활용되고 있음을 지적하고 있다. 여러 가지 원인이 있겠지만, 20% 시수를 증감하여 특색 있는 교육과정을 편성하려면 감축된 시수만큼 교과 교육과정의 내용을 새롭게 재구조화해야 하는 수고와 여전히 국가에서 제시된 내용을 가급적 손대지 않으려는 소극적인 태도가 영향을 주었을 것이다. 때론 과도한 서류 작업을 요구하는 경우도 있다. 또한 교과군 총시수는 최소 필수 이수 시수가 되어 교과 내에서만 시수를 증감할 수 있는 제한된 자율성도 원인으로 지목된다.

2022 개정 교육과정에서는 기존 교과(군) 20% 증감 지침을 보다 확대 적용하였다. 교과(군) 시수와 창의적 체험활동 시수가 서로 넘나들며 증감이 가능하게 된 것이다. 창의적 체험활동 시수의 증감이 가능하게 되므로 교과(군) 시수 증감 시 교과 교육과정의 재구조화에 대한 부담과 교과 시수 편성의 유연성이 보다 확대되어 특색 있는 교육과정 운영과 학생 주도적인 교육활동이 확대될 것으로 보인다. 특별히 교과 시수를 감축하여 창의적 체험활동 중 자율활동 시수에 증배할 경우 성취기준에 구애받지 않는 다양한 활동을 교사와 학생이 함께 만들어 갈 수 있는 조건이 갖추어진다.

 ## 2015 개정 교육과정 vs 2022 개정 교육과정의 시수 증감

2022 개정 교육과정 시간 배당 기준				
구분		1~2학년	3~4학년	5~6학년
교과 (군)	국어	국어 482	408	408
	사회/도덕		272	272
	수학	수학 256	272	272
	과학/실과	바른 생활 144	204	340
	체육		204	204
	예술(음악/미술)	슬기로운 생활 224	272	272
	영어	즐거운 생활 400	136	204
소계		1,506	1,768	1,972
창의적 체험활동		238	204	204
학년군별 총 수업 시간 수		1,744	1,972	2,176

① 1시간의 수업은 40분을 원칙으로 하되, 기후 및 계절, 학생의 발달 정도, 학습 내용의 성격, 학교 실정 등을 고려하여 탄력적으로 편성·운영할 수 있다.
② 학년군의 교과(군)별 및 창의적 체험활동 시간 배당은 연간 34주를 기준으로 2년간의 기준 수업 시수를 나타낸 것이다.
③ 학년군별 총 수업 시간 수는 최소 수업 시수를 나타낸 것이다.
④ 실과의 수업 시간은 5~6학년 과학/실과의 수업 시수에만 포함된다.
⑤ 정보교육은 실과의 정보영역 시수와 학교자율시간 등을 활용하여 34시간 이상 편성·운영한다.

2015 개정 교육과정에서는 위 표에 제시된 교과군 '소계'와 '학년군별 총 수업 시수'가 '최소 수업 시수'를 의미하였다. 하지만 2022 개정 교육과정의 경우 교과군 '소계'가 기준 시수로 변경되어 학년군별 총 수업 시간 수만 '최소 수업 시수'로 남게 되었다. 최소 수업 시수는 반드시 준수해야 하는 최소 필수 이수 시수이고, 기준 시수는 증감이 가능한 유연한 시수의 표준이 되는 시수를 의미한다.

* 교과와 창의적 체험활동 간의 수업 시수 증감 지침에 따른 수업 시수 의미 *

개정 시기	교육과정 지침	국가 교육과정 시간 배당 기준의 수업 시수 의미 변화			
		교과(군)별 시수	교과(군) 전체 시수	창의적 체험 활동 시수	학년군별 총 수업 시간 수
2015 개정 교육과정	교과(군)내에서 수업 시수 20% 시수 조정 가능	기준 시수	최소 시수	최소 시수	최소 시수
2022 개정 교육과정	교과(군)뿐만 아니라 창의적 체험활동 수업 시수의 20% 시수 조정 가능	기준 시수	기준 시수	기준 시수	최소 시수

출처: 이주연 외(2022)

2015 개정 교육과정에서는 교과(군)에서만 시수 증감이 가능했지만, 2022 개정 교육과정에서는 교과(군)와 창의적 체험활동 간의 시수 증감이 가능해졌다. 이를 통해 학교의 지역적, 사회적 여건과 학생들의 수준과 능력 등을 감안하여 학교 교육과정을 보다 융통성 있게 자율적으로 편성·운영할 수 있도록 하는 근거를 마련하였다. 교과에서 20% 시수를 감축하여 창의적 체험활동에 증배할 경우 그 범위는 창의적 체험활동의 20% 시수를 넘지 않아야 한다. 교과와 창체 간 시수 이동 시, 보다 많은 교과 시수를

기준으로 할 경우 창의적 체험활동 시수의 20%를 넘기 때문이다. 상대적으로 적은 창의적 체험활동 시수를 기준으로 20% 증감 여부가 결정이 난다. 따라서 1~2학년에서는 최대 47시간, 3~6학년에서는 각 학년군별 최대 40시간을 창의적 체험활동에서 교과로 혹은 그 반대로 이동하여 편성할 수 있다. 단, 2009 개정 교육과정부터 이어진 체육, 예술(음악/미술) 교과는 제시된 기준 시수보다 감축하여 편성할 수 없다.

📑 적용 Tip

① 학교자율시간으로 감축된 교과 시수를 고려하여 증감하기

학교자율시간으로 확보한 교과 시수와 20% 범위 내에서 증감 지침을 적용하여 감축한 교과 시수는 교과(군)별 20%를 초과할 수 없다.

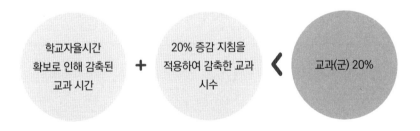

② 교과와 창의적 체험활동 간 시수를 이동할 경우, 창의적 체험활동 시수를 기준으로 삼기

교과와 창체의 시수를 이동할 경우, 교과(군) 소계의 20% 범위를 감축하여 창의적 체험활동으로 전부 이동할 수 없다. 그렇게 될 경우, 창의적 체험활동 시수가 20% 증배의 범위를 넘어서게 된다. 따라서 교과를 감축하여 창의적 체험활동을 증배할 경우 창의적 체험활동 시수의 20%를 기준으로 삼아야 하고, 그 반대일 경우도 창의적 체험활동 시수의 20%를 감축하여 교과로 증배해야 한다.

구분	1~2학년	3~4학년	5~6학년
창의적 체험활동 기준 시수	238	204	
교과에서 창의적 체험활동으로 이동할 수 있는 최대 시수	238×20% = 47	204×20% = 40	
창의적 체험활동에서 교과로 이동할 수 있는 최대 시수			
교과와 창의적 체험활동 시수를 서로 이동하여 편성할 경우 창의적 체험활동 시수를 기준으로 20% 범위 내에서 증감			

③ 학년군별 총 수업 시간 수 이상 편성하기

교과와 창의적 체험활동을 20% 범위 내에서 자유롭게 증감하여 시수를 편성하더라도 학년군별 총 수업 시간 수만큼은 국가에서 제시한 기준 이상 편성해야 한다. 수업 시수 편성에 있어서 마지막 남은 엄격한 기준이다.

구분	1~2학년	3~4학년	5~6학년
학년군별 총 수업 시간 수	1,744	1,972	2,176

참고 자료

2022 개정 교육과정 총론
2022 개정 교육과정 이해자료(경상남도교육청)

창의적 체험활동

 개정의 배경

　창의적 체험활동은 교과 교육과정 이외에 학생들이 다양하고 창의적인 교육적 경험을 갖게 됨으로써 의미 있게 성장할 수 있도록 하는 교육과정의 영역이다. 창의적 체험활동 교육과정은 다양한 체험을 통해 학생들이 사회 공동체의 일원으로 살아가는 데에 필요한 역량을 기르기 위한 목적을 가지고 있기 때문에 학교에서는 이를 세심하게 설계하고 운영하는 일이 중요하다. 특히, 2015 개정 교육과정과 비교할 때 2022 창의적 체험활동 교육과정에서는 영역의 재구성이 이루어졌고, 학교의 교육과정 자율성을 보다 높이며, 학교급별 특수성을 반영하기 위한 주요 변화가 이루어졌다.

　공교육은 더 이상 학생들에게 지식을 심어 주는 것이 아닌, 지식을 맥락적으로 재구성하여 상황에 대처할 수 있는 역량을 길러 주어야 한다. 이에 2022 개정 교육과정은 이러한 변혁적 역량 함양이 가능할 수 있도록 학습자 주도성을 강조하고 있다. 그리고 학습자가 책임과 협력에 바탕을 둔 주도성을 갖출 수 있도록 창의적 체험활동의 교육과정을 지역 및 학교, 그리고 학습자에 맞추어 유연하게 설계·운영할 수 있도록 권장하고 있다.

📋 용어의 의미

2022 개정 교육과정에서는 창의적 체험활동에 대해 다음과 같이 정의하고 있다.

> • 창의적 체험활동은 학생들이 건전하고 다양한 활동에 자발적으로 참여하여, 나눔과 배려를 실천하고 개인의 소질과 잠재력을 개발하며 창의적인 삶의 태도와 공동체 의식을 함양하는 교육과정이다.
>
> (창의적 체험활동 교육과정 중 p.3)

이러한 정의를 찬찬히 살펴보면 창의적 체험활동은 창의적인 삶의 태도와 공동체 의식을 함양할 수 있도록 학생들의 자발적 참여를 기반으로 하고 있다는 것을 알 수 있다.

특히 2022 개정 교육과정의 창의적 체험활동의 성격을 살펴보면 기존의 2015 개정 교육과정에서도 중요시되던 것을 더욱 강조한 부분을 발견할 수 있다.

＊ 창의적 체험활동의 성격 ＊

2015 개정 교육과정	2022 개정 교육과정	비고
소질과 잠재력의 계발·신장 – 학생이 주도적으로 계획 수립, 역할 분담 실천	역량 함양을 위한 학습자 주도 교육과정 – 학생이 주도적으로 계획 수립, 역할 분담 실천, 선택권 강화	강화
연계와 통합 – 교과와 창의적 체험활동, 창의적 체험활동 영역/활동 간	연계와 통합 – 교과와 창의적 체험활동, 창의적 체험활동 영역/활동 간	유지
학교급별 특수성 고려한 설계·운영	학교급별 특수성 고려한 설계·운영	유지
학교의 자율성 강조 – 영역과 활동의 집중 편성·운영	학교의 자율적 설계와 운영 강조 – 영역과 활동의 집중 편성·운영 – 시수의 증감	강화

이러한 2022 개정 교육과정의 창의적 체험활동 성격은 곧 창의적 체험활동 교육과정 구성의 중점이다.

첫째, 학생의 자기주도성과 선택을 기반으로 역량 함양에 기여하는 교육과정이다. 총론에서 제시하고 있는 핵심역량을 함양할 수 있도록 교과에서 배운 내용을 바탕으로 학생이 직접 활동을 선택하고 주도적으로 참여할 수 있도록 한다. 무엇인가를 할 수 있다는 역량은 지식을 습득하는 것을 넘어 이를 체험하고 실천하는 것이다. 이를 위해 창의적 체험활동의 영역별 활동은 학생들에게 유의미한 기회를 제공할 수 있으며 특히, 학생이 선택하고 주도적으로 참여하는 일은 필수적이다.

둘째, 교과와 창의적 체험활동, 학년(군) 및 학교급, 영역과 활동 간의 연계와 통합을 추구한다. 초등학교의 경우 교과의 선택권 확대는 단일 교과 한 차시 내에서 구현되기는 쉽지 않다. 따라서 학교자율시간, 프로젝트 학습 등에서 교과와 창의적 체험활동의 연계는 학생들의 선택권 확대를 통해 보다 삶에서 적용하고 대응할 수 있는 실제적인 역량 함양을 할 수 있는 좋은 선택지가 될 수 있다.

셋째, 학교급의 정체성을 강화하기 위하여 학교급별 특성을 고려하여 설계·운영한다. 각 학교급의 정체성을 갖는 것은 곧 학생의 발달 단계를 고려한다는 의미이다. 그러므로 학생들의 발달 단계에 따라 교육과정의 설계·운영이 필요하다. 그러나 이러한 학교급의 정체성을 강화한다는 것이 학교급 간의 연계가 불필요하다는 의미는 아니다. 학교급 간의 연계는 이전 학교에서 갖추어야 할 역량을 갖추고 다음 학교급을 준비하는 것, 다음 학교급에서의 생활을 잘 적응하는 것, 자신의 진로를 학교급에 따라 차근차근 준비하는 것들을 포함한다. 그리고 이를 위해 2022 개정 교육과정에서는 진로 학기제를 운영하고자 한다. 이러한 진로 학기제를 운영하며 학생들의 적응과 진로 결정, 역량 함양에 가장 유용하게 활용될 수 있는 것이 바로 창의적 체험활동이다.

넷째, 학교의 자율적인 설계와 운영을 강조한다. 창의적 체험활동은 각 학교와 학생의 상황과 실정, 요구와 흥미에 맞는 특색 있는 교육과정 설계와 운영이 쉽고, 이를 위해 학교와 지역의 인적, 물적 자원을 충분히 활용할 수 있다. 이를 토대로 학생이 교과에서 배운 지식을 삶과 연계된 창의적 체험활동을 통해 펼쳐 나가는 것은 2022 개정 교육과정의 역량을 함양하는 데 효과적이다.

☰ 2022 개정 교육과정의 창의적 체험활동

그렇다면 2022 개정 창의적 체험활동 교육과정은 어떤 변화가 있을까?
2022 개정 교육과정에서의 창의적 체험활동은 영역과 시수에서 그 변화가 두드러진다.

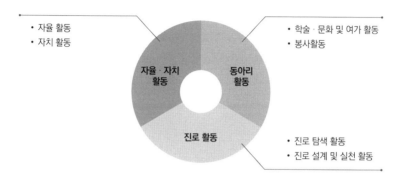

* 2022 개정 교육과정 창의적 체험활동의 영역과 활동 *

● 영역과 활동

• 자율 활동
• 자치 활동

자율 · 자치 활동

동아리 활동

진로 활동

• 학술 · 문화 및 여가 활동
• 봉사활동

• 진로 탐색 활동
• 진로 설계 및 실천 활동

우선, 창의적 체험활동의 영역이 다음과 같이 변화하였다. 창의적 체험활동은 자율·자치 활동, 동아리 활동, 진로 활동의 3영역으로 변화하였고, 이에 따른 구체적 활동을 창의적으로 설계할 수 있다.

영역 변화의 가장 큰 특징은 봉사활동이 동아리 활동 영역에 포함되었다는 점이다. 이로 인해, 현장에서는 봉사활동이 소홀하게 다루어질 것이라는 우려를 표하는 것도 사실이다. 미래 사회에서 자기주도적 역량 및 창의적 역량만큼이나 중요하게 여기는 것이 포용력 및 공동체 역량이기 때문이다.

그러나 봉사활동은 2022 개정 교육과정의 창의적 체험활동 중 동아리 활동에서 주로 다루고 있을 뿐 아니라, 자율·자치 활동 및 진로 활동을 통해서도 충분히 활동이 가능하다. 봉사활동은 타인을 위한 배려와 더불어 살아가기 위한 마음을 위해서라도 반드시 필요하기 때문에 창의적 체험활동의 전 영역에서 고루 다루어지는 것으로 이해해야 한다.

창의적 체험활동

두 번째로, 창의적 체험활동의 시수 변동이 가능해졌다. 2015 개정 교육과정의 창의적 체험활동은 학교급, 학년(군), 학기별로 학생의 특성과 요구에 따라 일부 영역 및 활동으로 집중 또는 분산하여 편성하고 운영할 수 있도록 하였다. 그러나 전체 학년군 시수는 감축과 시수 자체를 특정 학년이나 학기에 편중하여 편성하는 것은 불가능하였다.

　2022 개정 교육과정에서의 시수는 어떠할까? 2022 개정 교육과정의 창의적 체험활동은 역시 영역과 활동 설계·운영 부분에서 다양한 방식으로 가능할 뿐 아니라, 시수 편성에 있어서도 교과와 동일하게 20% 내에서 시수를 증감하여 편성·운영할 수 있도록 하고 있다. 그러나 2022 개정 교육과정에서도 시수를 학년이나 학기에 편중하여 편성하지 않도록 하고 있다. 이는 학교나 학생의 특성 및 요구에 따라 설계와 운영에 자율성을 확대한 것이지만, 초등학생들의 발달 단계를 고려할 때, 전 학기 및 학년에 걸쳐 창의적 체험활동을 통해 학습할 수 있는 기회를 제공하기 위함이라 생각해 볼 수 있다.

　이러한 시수 변동의 자율성 강화는 곧 창의적 체험활동 설계 및 운영에 대한 자율성을 확보한 것이다. 시수 변동의 자율성 확보는 타 교과와의 연계·통합이 원활하게 이루어질 수 있음을 뜻하고, 우리 학교의 학생을 중심으로 재구성이 가능함을 의미한다. 즉, 지식 전달 위주의 수업 방식이 아닌 학생을 중심에 두고 학습자가 주도적으로 학습할 수 있는 교육과정 운영이 될 수 있도록 한 것이다.

　세 번째, 이번 2022 개정 교육과정 창의적 체험활동의 중요한 특징 중

하나는 학교급별로 창의적 체험활동의 영역별 중점을 구체화하고 있다는 점이다. 영역별 운영 중점을 명시하여 학교에서 자율적으로 편성하는 창의적 체험활동의 내용에 방향성을 제시하는 역할을 할 수 있다.

＊ 창의적 체험활동 영역별 운영 중점 ＊

영역	운영 중점
자율·자치 활동	· 생활 속 여러 문제를 해결하는 능력 함양 · 정서적·심리적 안정과 입학 초기 및 사춘기 적응 · 즐거운 학교생활 및 다양한 주제 활동 경험 · 학생 자치 회의, 학급 회의 등 공동체를 통한 의사소통 경험 · 민주적 의사결정의 기본 원리 이해와 실천
동아리 활동	· 창의·융합적 사고를 통한 현재와 미래의 문제 해결 · 다양한 경험과 문화, 예술, 체육 프로그램 체험 · 삶을 풍요롭게 하는 신체 활동 및 놀이 · 인간과 환경의 공존을 위한 지속가능한 환경보호
진로 활동	· 긍정적 자아 개념 형성 · 일의 중요성을 이해하기 위한 진로 체험 · 다양한 직업 세계 탐색 · 진로 기초 소양 함양

참고 자료

2022 개정 창의적 체험활동 교육과정
2022 개정 교육과정 총론 주요사항 발표

2부

2022 개정 교육과정

수업의 변화를
이끌다

기초 소양(언어, 수리, 디지털 소양)

개정의 배경

시대 변화에 따른 학력관의 변화
길러야 할 **역량**을 위해선 **지녀야 할 기초** 소양부터

초등학교 교육의 목표는 '학생의 일상생활과 학습에 필요한 기본 습관 및 기초 능력을 기르고 바른 인성을 함양하는' 데 중점을 두고 있다. 우리는 이를 간단히 줄여 '기초·기본 교육'이라 부르기도 한다. 쉽고 간단한 개념처럼 보이지만 막상 의미를 설명하려면 쉽지 않다. 코로나19 이후 교육계의 화두로 떠오른 '기초학력 부진'에 대한 문제도 마찬가지다. 무엇을 '기초'로 볼 것이며 '학력'은 어떠해야 하는지 관점이 다양하고 입장 차이가 뚜렷하기 때문이다.

* 학력관의 변화에 따른 교육활동의 변화 *

구분	기존 관점	새로워진 학력관
학력	3RS(읽기, 쓰기, 셈하기)	지녀야 할 소양 + 길러야 할 역량
시기	매년 3월	학교교육활동 과정
대상	3~6학년	1~6학년
방법	지필 평가	과정중심평가
처방	미도달 학생 보충 학습	학생 개별 맞춤형 피드백

기존 3RS 중심의 기초학력에 핵심역량이 도입되면서 학교에서 이루어지는 모든 교육활동을 통해 '길러야 하는 역량'이 제시되었다. 이는 기초·기본 교육과 기초학력에 대한 기존 개념을 역량과 관련지어 생각하게 만드는 인식의 전환을 가져왔다. 또한 코로나19 팬데믹 이후 급격하게 이루어진 디지털 전환, 기후·생태 환경 변화 등에 따른 미래 사회의 불확실성과 복잡성은 삶의 문제에 대해 능동적으로 대응하고 해결할 수 있는 능력과 삶의 주도성을 더욱 중요하게 여기는 계기가 되었다. 이에 2022 개정 교육과정에서는 모든 학생이 앎과 삶의 기초가 되는 언어·수리·디지털 기초 소양을 갖출 수 있도록 교육과정의 중점을 제시하고, 소양 교육을 역량 교육의 기초로 설정하였다.

2022 개정 교육과정은 **길러야 하는 역량**의 개념에서 기초, 기본으로 **지녀야 할 소양**으로 개념을 함께 제시하고 있다. 즉, '21세기 학습 틀'이나 'OECD 2030' 프로젝트에서 제시한 것처럼 역량을 함양하기 위한 탄탄한 기초 또는 핵심 기반의 역할을 하는 '소양'의 개념이 도입될 필요가 있었다.

기초 소양(언어, 수리, 디지털 소양)

＊ 기초학력-역량-소양의 도입 과정 ＊

3RS의 기초학력		2015 개정 교육과정	2022 개정 교육과정
한계점			
기존 지식에 대한 3RS를 통해 분절적, 단편적 지식 측정에 용이	기초학력에 대한 담론이 단순 지식과 기능 중심으로 제한	기존 기초 학습과 기초 학력에 대한 재개념화를 통한 역량 도입	갖추어야 할 역량 + 지녀야 할 기초 소양(언어, 수리, 디지털)의 도입

용어의 의미

소양(리터러시)은 교과의 지식과 기능을 적용하여 실생활 문제를 다루는 능력이며, 역량은 리터러시를 근간으로 하여 삶의 여러 영역에 걸쳐 자신의 능력들을 끌어내어 복합적인 방식으로 통합하여 새로운 맥락이나 상황에 맞게 사용하는 능력이라고 할 수 있다.

위 제시된 내용을 기초로 기존 3RS와 새롭게 도입된 기초 소양, 그리고 역량의 관계를 직관적이고 단순하게 아래와 같이 나타낼 수 있다.

＊ 3RS-기초 소양-역량의 관계 ＊

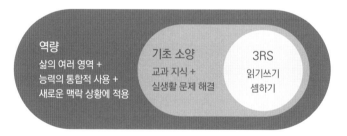

교육부(2021)는 2022 개정 교육과정을 통해 교과의 깊이 있는 학습과 여러 교과를 학습하는 데 기반이 되는 언어, 수리, 디지털 소양을 기초 소양으로 강조하고 총론과 모든 교과에 반영하였다.

* 교육과정 총론에 반영된 기초 소양 *

[구성 중점] 모든 학생이 학습의 기초인 언어·수리·디지털 소양을 갖추어 학교 교육과 평생 학습에서 학습을 지속할 수 있는 능력을 함양한다.

[교수 · 학습] 교과의 깊이 있는 학습에 기반이 되는 언어·수리·디지털 기초 소양을 모든 교과를 통해 함양할 수 있도록 수업을 설계한다.

이처럼 언어, 수리, 디지털 소양의 함양은 특정 시기나 장소에서 이루어지는 것이 아니라 시간과 공간을 초월하여 평생 동안 학교교육과 그 외의 교육활동을 통해 길러져야 함을 강조하고 있다. 초중학교 교육과정 구성방안 연구(온정덕, 2020)에 제시된 제한적인 자료에 근거하여 각 기초 소양(언어, 수리, 디지털 소양)의 개념을 살펴보자.

☑ 언어 소양

3RS 읽기 쓰기		새로운 언어 소양
한글을 중심으로 단순 기능에 초점을 맞춘 말하기/읽기/쓰기 능력	변화	• 언어 중심 다양한 텍스트 이해·분석 능력 • 새로운 정보를 생산, 공유하여 문제 해결 및 공동체와 소통하여 참여하는 능력

기초·기본 교육의 요소로 문자를 읽고 쓰는 능력을 기존 읽기, 쓰기에서 '언어 소양'으로 표현한 건 한국어에만 국한되지 않고 언어에 대한 지식을 사용하여 이해하고 표현하는 것을 강조하려는 의미다. 즉, 소통의 매개체

가 되는 텍스트가 문자(한글)에만 국한되지 않는 최근의 연구 결과를 반영한 것이다. 다른 나라 역시 매체 소양을 포함하고 있으며 소셜 미디어, 뉴스, 광고, 만화, 영화 등 다양한 매체가 생산하는 매체 텍스트의 의미를 비판적으로 이해하고 분석하고 평가할 수 있는 능력을 의미한다. 따라서 기존 읽기, 쓰기의 기능적인 접근을 넘어 다양한 형태의 텍스트를 해석, 분석, 창작하는 데 필요한 비판적 사고와 창의적 사고까지도 확장되어야 한다.

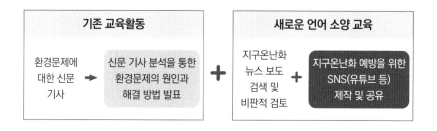

☑ 수리 소양

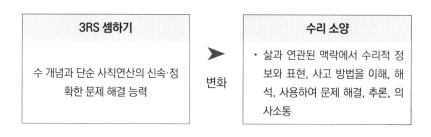

수리력은 전통적으로 읽기, 쓰기와 더불어 셈하기로 알려져 있으며 기본적인 자연수, 분수, 소수의 수 개념과 사칙연산이 포함되는 것으로 여겨졌다. 하지만 수리 소양에서는 단순 반복에 의한 계산 연습이 아닌 학생들의

삶과 연관된 맥락에서 수와 연산의 원리에 바탕을 둔 수학적 탐구가 강조된다. 이같은 방향은 세계 주요 나라의 수학 교육에도 반영되고 있다.

따라서 초등학교 기본 소양으로서 수리 소양은 수학적 소양으로 재개념화가 될 필요가 있다. 수와 연산의 원리를 탐구하는 가운데 학생 스스로 일상에서 수학적으로 사고하고 문제를 해결하는 과정은 학생들이 꼭 길러야 하는 능력이라 할 수 있다.

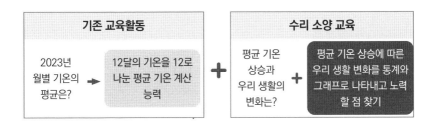

☑ 디지털 소양

디지털 소양은 2022 개정 교육과정에 새롭게 도입되었다. 디지털 소양을 별도로 설정한 이유는 굳이 설명하지 않아도 삶 속에서 피부로 느낄 수 있다. 우리가 마주하는 세상과 앞으로 맞이할 미래 사회의 대부분이 디지털화되어 가고 있으며 뉴스조차 포털에서 제공하는 알고리즘을 따르고 있기 때문이다. 만남과 소통을 비롯한 모든 영역이 디지털 기반으로 이루어

진다. 디지털 전환 시대에 사는 학생들에게 디지털 기기와 정보를 올바르게 사용하는 교육은 필수적이다. 예전의 ICT 교육처럼 도구를 배우고 활용하는 것에 그치는 것이 아니라 디지털이 갖는 속성을 중심으로 창의적으로 생산하고 창조하는 힘을 길러야 한다.

디지털 소양은 기존의 ICT 활용 교육에서 '디지털 지식과 기술에 대한 이해와 윤리 의식을 바탕으로, 정보를 수집·분석하고 비판적으로 이해·평가하여 새로운 정보와 지식을 생산·활용하는 능력'이라 할 수 있다.

우리나라는 1990년대부터 ICT 활용 교육뿐 아니라 네트워크 기기, 환경 구축을 빠르게 진행하여 ICT 세계 최강국 중 하나였다. 하지만 디지털 소양과 관련된 '2021년 OECD의 PISA 21세기 독자 디지털 세상에서의 문해력 개발 보고서'에 따른 우리나라의 위치는 사뭇 다르다.

＊'2021년 OECD의 PISA 21세기 독자 디지털 세상에서의 문해력 개발 보고서' 요약 ＊

- 피싱 식별 능력 최하위
- 주어진 문장에서의 문해력 최하위(평균 47%, 한국 25.6%),
- 디지털 소양 교육 제공 여부 역시 평균 이하의 결과(평균 54%, 한국 49%)

보고서 결과에 따르면 우리나라는 ICT 강국이었지만 디지털 소양은 첫 걸음마를 뗀 수준으로 분석된다. 이는 인공지능 시대의 시작과 함께 전 세계가 앞다투어 교육 프로그램을 운영한 반면 우리나라는 디지털 교육 전환의 속도와 방향을 아직 준비하지 못했기 때문이다. 이에 우리나라도 2022 개정 교육과정에서는 전 교과와 연계한 디지털 교육을 통해 학생들의 소양 함양을 위한 기회의 장을 제공할 것이다. 이를 통해 디지털 소양 교육이 어떻게 펼쳐질지 살펴보자.

디지털 소양 톺아보기

2022 개정 교육과정에서는 모든 교과에서 디지털 기본 활용 능력과 디지털 문제 상황에서 융합적으로 문제를 해결하는 능력을 함양할 수 있는 방향을 제시하였다. 디지털 소양의 기초가 될 수 있는 수학, 과학, 실과, 정보 교과에서는 코딩, AI를 통해 정보를 처리하고 논리적, 절차적으로 문제를 해결하는 수업을 강조하고 있다. 이는 컴퓨팅에 대한 기본 이해 및 사고력 함양으로 이어진다.

특히 디지털 소양의 기본이 될 수 있는 초등학교에서는 다음과 같은 중점 내용을 바탕으로 디지털 소양을 함양하기 위한 주요 지침을 제시하고 있다.

① 5~6학년에서 정보 교육의 시수 확대(17시간→34시간)를 통해 5~6학년에서 프로그램을 보다 구체적으로 설계하여 실질적 교육활동으로 운영할 수 있게 되었다.

기초 소양(언어, 수리, 디지털 소양)

* 디지털 소양 교육 프로그램 설계 예시 *

학년	시수 배정	대주제	소주제(시수)	
5학년	16시간	디지털 AI 기초	1	디지털 윤리 교육(2)
			2	빅데이터, 인공지능의 이해(2)
			3	언플러그드 카드놀이(2)
			4	엔트리 익히기(4)
			5	코딩으로 로봇 움직이기(2)
			6	코딩으로 1분 애니메이션 제작하기(4)
6학년	18시간	디지털 AI 심화	1	프로젝트 주제 선정 및 계획하기(2)
			2	주제 공유 및 세부 계획 수립하기(2)
			3	1차 디지털 프로젝트 운영하기(5)
			4	1차 프로젝트 발표 및 피드백하기(2)
			5	2차 디지털 프로젝트 운영하기(4)
			6	생활 속 문제 해결 상황 성과 공유하기(3)

5학년의 경우 디지털 소양에 대한 이해, 윤리 교육, 매체 활용 교육 등의 기초적 소양과 함께 디지털 기기의 노출을 최대화하여 익숙하게 사용할 수 있도록 기초 프로그램으로 구성할 수 있다. 6학년의 경우 1개 주제 또는 2개 주제의 프로젝트 수업으로 구성하여 실생활 문제를 코딩이나 인공지능과 연계하여 문제를 해결하는 프로젝트로 구성하여 수업이 가능해졌다.

② **학교자율시간을 활용**해서 '교과(군) 및 창의적 체험활동' 시수의 20% 증감을 통해 디지털 소양 함양을 위한 체계적인 교육이 가능해졌다.

AI, 코딩, 로봇 등의 교육과 관련된 과목이나 활동을 신설하여 운영 가능하며 1학기 또는 1년간 20시간 내외의 시간을 편성하는 등 학교의 상황과 특성에 맞게 운영할 수 있다.

* 학교자율시간을 활용한 정보 교육 시수 확보 예 *

교육과정	시수	감축(%)	학교자율시간 과목 신설
창의적 체험활동 자율·자치활동	68시간	4(6%)	과목 주제(예시) 체험 탐구로 배우는 AI, 로봇 활용하기
수학	136시간	6(5%)	
과학	102시간	4(4%)	
총계	306시간	14시간	

    교과의 깊이 있는 학습에 기반이 되는 디지털 기초 소양을 모든 교과를 통해 함양할 수 있도록 수업을 설계하기 위해서는 교육과정의 전반에 걸쳐 설계되어야 하며 이는 교과 교육 내용에도 포함되어 설계되어야 한다. 디지털 소양과 관련된 내용은 모든 교과에 반영되어 있지만 일부 교과의 사례만 살펴보자.

통합교과

(영역) 우리는 어디서 살아갈까? 우리는 무엇을 하며 살아갈까?

(중점) 불확실한 변화에 대처할 수 있는 미래 역량

(성취기준) [2바02-04], [2슬02-02~04], [2슬04-02], [2즐02-04]

(교수 학습) 온라인 기반, 디지털 매체 이해 및 다양한 매체 활용

국어과

(영역) 듣기 말하기, 읽기, 쓰기, 문법, 문학, 매체(신설)

(중점) 디지털·미디어 환경에 대응하는 매체 교육 강화

(성취기준) [2국06-01], [4국02-05], [4국06-01~03], [6국01-04, 05], [6국03-04], [6국04-01], [6국06-01-05]

(교수 학습) 디지털 미디어 활용 역량, 디지털 윤리

기초 소양(언어, 수리, 디지털 소양)

사회과

(영역) 지리 인식, 자연환경과 생활 지리 인식, 정치

(중점) 디지털 전환, 기후 생태 환경 변화 등에 대응할 수 있는 역량 강화

(성취기준) [6사02-01], [6사08-03], [6사09-01]

(교수 학습) 디지털 도구 활용 능력, 정보 수집, 분석, 활용

도덕과

(영역) 타인과의 관계, 사회·공동체와의 관계

(중점) 새로운 정보 기술 사회가 요구하는 인공지능 및 디지털 윤리

(성취기준) [4도03-02], [6도02-03]

(교수 학습) 디지털 학습 환경 활용 및 온·오프라인 개별화된 교육 기회 제공

수학과

(영역) 모든 영역 연계 활용

(중점) 지능 정보화에 필요한 수학 개념과 원리로 디지털 역량 함양

수학의 유용성과 심미성 인식을 통한 자신감과 흥미 고취(교육공학 도구)

(성취기준) 주제에 맞게 교과 연계 운영

(교수 학습) 정보 처리 및 교육공학(디지털 매체) 활용

디지털 소양 수업 설계 알아보기

대상	6학년	교과	사회, 창의적 체험활동
교육과정 성취기준	[6사02-01] 우리나라의 계절별 기후 특징을 자료에서 탐구하고, 기후변화로 인한 자연재해의 심각성을 이해한다. (자율) 생활 속에서 접하는 다양한 데이터가 서로 다른 의미를 갖고 있음을 파악하는 활동을 경험한다.		
배움 목표	기후 생태 환경 변화의 문제와 원인을 조사하여 조사한 데이터를 바탕으로 해결 방안을 공유할 수 있다.		
수업 과정	내용		
도입	• 우리나라 기후변화로 인한 생태계 변화 사례 이야기하기 기후 생태 변화를 이해하고 조사 결과를 바탕으로 환경보호 방안을 이야기해 봅시다.		
전개	• 우리나라 기후변화로 인한 의식주와 생태계 변화 조사하기 • 기후변화의 원인 조사하고 조사 결과 패들렛에 올려 공유하기 • 조사 내용을 통계 그래프로 나타내어 해결 방안 알아보기 • 생활 속에서 실천 방안 공유하기		
정리	• 배움 정리하기 – 한 달 동안 모둠별로 실천 사례 패들렛에 공유하기 – 프로젝트 결과 및 생활 속 변화 나눔하기		

🗒️ 디지털 소양을 기르기 위한 Tip

① 학교 교육과정의 모든 교과와 활동을 통해 이루어질 수 있도록 학교 전체의 방향과 목표를 설정하고 교육 내용과 시수를 배정하여 설계한다.

② 5~6학년에만 시수를 집중할 것이 아니라 1~6학년까지 학년의 수준과 성향에 맞게 골고루 교육 내용을 구성하여 디지털 소양이 점진적으로 학습될 수 있도록 한다.

③ 디지털 소양의 깊이 있는 학습도 중요하지만 학생들이 쉽고 재미있게 다가갈 수 있고 생활 속의 문제를 수업을 통해 해결할 수 있는 기회를 제공한다.

④ 교과(군), 창의적 체험활동의 시수 감축을 통해 학교자율시간으로 운영할 수 있다. 학교 중점교육 활동으로 창의적 체험활동의 전 영역에 편성할 수 있으며, 교육과정 재구성을 통해 프로젝트 수업으로 운영할 수 있다.

참고 자료

온정덕(2020), 초·중학교 교육과정 구성 방안 연구
이철승, 백혜진(2022), 디지털리터러쉬를 위한 교수·학습방법 연구
충청남도교육청(2022), 2022 개정 교육과정 디지털 소양 톺아보기 도움자료

능동적으로 참여하는 수업

📑 개정의 배경

좋은 수업은 학생이 수업에 흥미와 관심을 갖고 수업 속 주인공이 되어 적극적으로 참여할 때 일어난다. 아무리 좋은 교수 학습 방법을 수업에 적용한다 해도 학생들의 적극적인 참여가 없다면 배움은 일어나지 않는다. 기존 우리 교육의 문제점으로 제기되었던 주입식 교육이나 암기 위주의 교육이 갖는 한계도 여기에 있다. 학생은 단순히 지식을 습득하는 존재, 교사는 지식을 전수하는 존재로 교실의 관계가 설정되어서는 안된다. 수업에 참여한다는 것은 교사의 가르치는 활동에 학습자가 직접 관여하고 개입하여 능동적으로 대응함을 뜻한다. 학생은 수업 과정에 적극적이고 주도적으로 참여하여 지식 구성 과정에 동참해야 한다. 학생은 지식을 수동적으로 받아들이는 존재가 아니라 지식을 구성하거나 창조할 수 있는 힘이 있는 존재다.

2015 개정 교육과정에서는 학생의 능동적인 수업 참여와 협력을 강조했다. 시도 교육청에서는 이를 참여·협력형 수업이라 표현하기도 하였으며 이는 아래의 총론 문구에서 비롯된 것 같다.

교과 특성에 맞는 다양한 학생 **참여형 수업**을 활성화하여 자기주도적 학습 능력을 기르고 학습의 즐거움을 경험하도록 한다.	→	**참여·협력형 수업**
개별 학습 활동과 함께 소집단 공동 학습 활동을 통하여 **협력적으로 문제를 해결하는** 협동 학습 경험을 충분히 제공한다.		

　2015 개정 교육과정의 총론에서는 핵심역량을 제시하고 각 교과에서는 교과 역량을 규명하였다. 교과 역량은 교과에 기반한 학문의 지식 및 기능을 습득하고 활용함으로써 길러질 수 있다. 교과 역량 함양을 목표로 하는 수업은 학생들이 교과의 지식과 기능을 깊이 있게 탐구하고 경험할 수 있도록 학생 참여형으로 이루어져야 한다. 교사는 학생들이 교과의 핵심 개념 및 일반화된 지식을 심층적으로 이해하고 이를 중심으로 세부 학습 내용들을 서로 관련지어 이해할 수 있도록 가르쳐야 하며 학습한 내용을 다양한 상황에 적용하는 경험을 제공해야 한다. 즉, 역량 함양을 목표로 하는 수업은 학생들이 주도적이고 능동적으로 교과 지식과 기능을 깊이 있게 탐구하고 경험할 수 있도록 학생 참여형으로 이루어져야 한다는 의미다. 학생의 능동적이고 적극적인 참여를 통해 역량을 함양하는 수업이 미래형 수업의 핵심적인 전제 조건인 것이다.

＊ 능동적으로 참여하는 수업과 역량 함양의 관계 ＊

학생의 능동적인 수업 참여	→	교과 지식과 기능을 깊이 있게 탐구	→	핵심역량 함양

▤ 용어의 의미

참여의 의미를 무엇으로 볼 것인가에 따라 능동적으로 참여하는 수업(참여형 수업)에 대한 정의는 다양하게 나타난다.

교육과정 총론과 해설서를 중심으로 능동적으로 참여하는 수업은 다음과 같은 의미를 갖는다.

* 총론과 해설서에 제시된 참여형 수업의 의미 *

첫째, 교사·학생, 학생·학생 간의 긍정적인 상호작용이 이루어지는 수업
둘째, 학생의 특성을 고려한 다양한 상황이 마련되어 있어서 교과의 지식 및 탐구 기능을
　　　적용하고 습득할 수 있는 수업

2015 개정 국어과 교육과정에서는 참여형 수업을 크게 ① 인지적 참여 ② 정의적 참여 ③ 행동적 참여 ④ 학습경험 참여로 제시하고 있다.

시도교육청 정책에 따라 참여형 수업의 정의가 다양하므로 학생 참여에는 다양한 유형이 있을 수 있으며 특정 유형과 수업 방법만을 학생 참여형 수업이라 제한할 수 없다. 또한 교사는 교육과정에 대한 이해를 바탕으로 자신의 교육관에 따라 학생 참여형 수업을 나름의 전략과 방법으로 설계하여 수업에 활용할 수 있다.

2022 개정 교육과정의 능동적으로 참여하는 수업

* 2022 개정 교육과정 총론에 제시된 능동적으로 참여하는 수업 *

> 나. 학교는 학생들이 수업에 능동적으로 참여하고 학습의 즐거움을 경험할 수 있도록
> 교수·학습을 설계하여 운영한다.
> 1) 학습 주제에서 다루는 탐구 질문에 관심과 호기심을 가지고 스스로 문제를 해결
>   하는 학생 참여형 수업을 활성화하며, 토의·토론 학습을 통해 자신의 생각을 표
>   현하는 기회를 가질 수 있도록 한다.
> 2) 실험, 실습, 관찰, 조사, 견학 등의 체험 및 탐구 활동 경험이 충분히 이루어질 수
>   있도록 한다.
> 3) 개별 학습 활동과 함께 소집단 협동 학습 활동을 통하여 협력적으로 문제를 해결
>   하는 경험을 충분히 갖도록 한다.

위 제시된 내용은 2015 개정 교육과정과 크게 다르지 않다. 다만 기존 구성의 중점이나 교수 학습에 흩어져 제시되었던 내용이 2022 개정 교육과정에서는 '설계의 원칙'에 통합하여 제시되었다. 능동적인 수업 참여와 학습의 즐거움을 경험할 수 있는 교수 학습 설계 형태로 토의·토론 학습, 실험, 실습, 관찰, 조사, 견학과 소집단 협력 학습 등은 기존의 2015 개정 교육과정에서 제시된 내용과 동일하다. 다만 새롭게 추가된 내용이 있다면 바로 '탐구 질문'이란 용어다. 질문을 중심으로 배울 내용을 구성하고 질문에 대한 답을 학생들이 주도적으로 찾아가는 과정에서 학생 참여형 수업이 진행된다. 교사가 제시한 여러 활동에 단순히 참여하는 것이 아니라 학생들이 관심과 호기심을 갖고 '생각이 참여'하는 수업이 되어야 한

다. 탐구 질문은 수업에서 다루는 주제에 대해서 학생들의 호기심을 유발하고 높은 수준의 사고와 문제 해결 능력을 기르는 것으로 연결되어야 한다.

＊ 2022 개정 교육과정에 제시된 능동적으로 참여하는 수업 유형 ＊

유형 1	유형 2	유형 3	유형 4
탐구 질문에 호기심을 가지고 스스로 문제를 해결하는 수업	토의·토론을 통해 자신의 생각을 표현하는 수업	실험, 실습, 관찰, 조사 견학 등 체험 및 탐구 활동을 충분히 경험하는 수업	개별 학습과 소집단 협동 학습으로 협력적으로 문제를 해결하는 수업

위 제시된 네 가지 유형 이외에도 프로젝트 수업, 거꾸로 수업, 극화 수업 등 참여형 수업의 기본 원리를 적용한 다양한 형태의 수업이 실천되고 있다.

수업 적용

참여형 수업에 대한 교사의 인식과 실천은 다양할 뿐만 아니라 전반적인 수업의 설계와 적용 과정에서 학생의 참여를 필수로 여기게 되었다는 점에서는 긍정적인 변화다. 하지만 몇 가지 문제점도 보인다. 대표적인 예로는 학생 참여형 수업이라는 명목하에 교사가 수업을 방임하거나 수업의 핵심 내용이 배제된 채 활동 위주로 손이 바쁜 수업, 탐구와 문제 해결을 위한 사고의 과정이 빠진 채 단순히 따라 하는 식의 참여가 이루어지는 경우다. 이러한 문제점을 보완하기 위해 때론 교사의 촘촘한 수업 설계가 더욱 필요하다. 참여형 수업의 범위를 특정 수업 유형으로 규정하는 것보다 참여를 통해 학습자에게 어떤 경험을 제공하고 영향을 미치는가를 우선적으로 고려하여 수업을 설계할 필요가 있다.

이러한 문제를 해결하기 위해 『중학교 학생 참여형 수업의 실태 분석과 질 제고 방안(한국교육과정평가원, 2020)』에서 제시한 학생 참여형 수업의 질 제고 방안을 소개하고자 한다. 학생 참여형 수업의 질 제고를 위해 수업에서는 학생 주도권 신장, 관계성 증진, 인지적 성장이 핵심 요소로 균형 있게 다루어져야 한다.

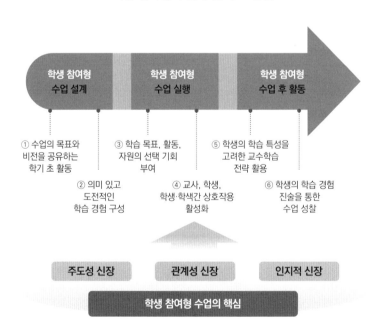

* 학생 참여형 수업의 질 제고 방안 *

* 학생 참여형 수업의 질 제고를 위한 핵심 요소 *

학생 주도권 신장	관계성 증진	인지적 성장
학생이 학습 과정에서 자신의 목적과 의지에 맞는 교육을 선택할 기회를 갖게 하여 권리 행사를 가능하게 하는 것	학생이 교실 내의 또 다른 인격적 존재인 교사 및 동료 학생과 상호작용하고 협력하는 경험	성장은 학생이 수업 내용에 몰입하여 지적으로 발전하는 경험

표에서 제시한 세 가지 요소는 서로 배타적이지 않다. 학생 주도권 신장과 관계성 증진이 인지적 성장과 대치되는 개념인 것처럼 오해하는 경우가 많다. 예를 들어 학생 주도권을 강조하는 것을 교사가 수업에서 개입을 최소화하고 학생들이 원하는 대로 하는 것이라고 보고 '교사의 방치 때문에 학생 참여형 수업은 학생의 인지적 발달을 촉진하는 데 한계가 있다.' 라고 생각하는 것이다.

수업에서의 학생 주도권 신장은 교사의 방임이 아니라 학생의 참여를 유도하는 교사의 구체적이고 세밀한 수업 설계에 기반하여 이루어진다. 교사가 수업의 목표와 내용 및 방법 등 수업의 전 영역에서 학생의 참여를 의식적으로 고려하고 보장하려고 노력해야 진정한 의미의 학생 참여형 수업이 이루어지기 때문이다. 또 학생 참여형 수업에서 교사-학생, 학생-학생 간 상호작용과 의사소통은 단순한 친교 활동이 아니라 수업의 목표와 주제에 관한 교육적 대화의 성격을 지닌다. 따라서 이들 간 상호작용의 활성화는 당연히 학생의 인지적 성장에 기여한다. 이때 인지적 성장이란 지식의 양을 늘리는 것이 아니라 이해와 학습을 일으키는 사고를 경험하는 것으로 이해되어야 한다(교육과정평가원, 2020).

　　　　　　　　　　　　　　　能동적으로 참여하는 수업

또한 연구 자료에서는 질 높은 참여형 수업을 위한 실천 방안으로 6가지를 제안했다. 이는 초등학교 수업 설계에도 유의미하게 적용될 수 있다.

* 질 높은 참여형 수업을 위한 실천 방안 *

① 수업의 목표와 비전을 공유하는 학기 초 활동

② 의미 있고 도전적인 학습 경험 구성

③ 학습 목표, 활동, 자원의 선택 기회 부여

④ 교사–학생, 학생–학생 간 상호작용 활성화

⑤ 학생의 학습 특성을 고려한 교수 학습 전략 활용

⑥ 학생의 학습 경험 진술을 통한 수업 성찰

참고 자료

2022 개정 교육과정 총론
한국교육과정평가원(2020), 중학교 학생 참여형 수업의 실태 분석과 질 제고 방안

깊이 있는 학습

개정의 배경

2022 개정 교육과정 총론에서는 '역량 함양'이라는 새로운 표현이 사용되었다. 기존 교육과정에서도 역량의 중요성은 강조되었으나 삶과 연계한 다양한 문제를 해결하면서 역량을 키우려는 본래 취지와 다르게 지식 교육을 등한시하거나 활동 위주의 수업을 역량 교육으로 오해하는 등의 문제점이 있었다.

역량에 대한 모호한 정의와 이해를 구체화하기 위해 새로운 교육과정에서는 '역량 함양'의 의미와 역량을 함양하기 위한 교수 학습 방법에 대해 비교적 구체적인 방안을 제시하고 있다.

2022 개정 교육과정의 역량을 함양하는 수업

2015 개정 교육과정은 핵심역량을 키우기 위해 구성의 중점에서 '교과 특성에 맞는 다양한 학생 참여형 수업을 활성화하여 자기주도적 학습 능력을

기르고 학습의 즐거움을 경험하도록 한다.'가 제시되었다. 역량을 키우기 위해서는 학습자 중심의 수업이 중요하다는 것이다. 2015 개정 교육과정의 학습자 중심 수업의 중요성에 대한 방향성 제시는 의도와 다르게 수업의 운영 측면에서 학생이 주도권을 갖는 형태로 오해되는 경우가 많았다. 그러다 보니 수업 중에 학생들의 손이 바쁘거나 활동적인 수업이 역량 중심의 수업이란 오해도 생겨났다.

역량이 단편적인 수업의 결과로 달성되는 것으로 오해하는 경우도 있었다. 역량은 수업 과정이 마무리되거나 교육과정 운영이 종료되고 나면 도달하는 목표로 생각해서는 안 된다. 교육과정 전반에서 학습 활동의 진행 과정에서 역량이 함양될 수는 있는 것이지, 활동의 결과로 역량이 생겨나는 것은 아니다.

의도와 다른 방향으로 운영된 역량 기반 교육과정은 2022 개정 교육과정에서 변화를 확인할 수 있다. '역량 함양'이라는 용어를 전면에 내세웠다. 역량은 목표가 아니라, 교육과정 운영과 수업의 전반적인 상황 속에서 자연스럽게 성장하고 함양되는 것이며 이러한 역량 함양을 위해 필요한 것이 '깊이 있는 학습'이다. 깊이 있는 학습은 '소수의 핵심 내용을 높은 수준의 사고와 탐구를 통해 배우는 것'이다. 총론에 제시된 깊이 있는 학습을 자세히 살펴보자.

학교는 학생들이 깊이 있는 학습을 통해
핵심역량을 함양할 수 있도록 교수 학습을 설계하여 운영한다.

- 단편적 지식 암기를 지양하고 각 교과목의 핵심 아이디어를 중심으로 지식·이해, 과정·
기능, 가치·태도의 내용 요소를 유기적으로 연계하여 학생의 발달 단계에 따라 학습 경
험의 폭과 깊이를 확장할 수 있도록 수업을 설계한다.

- 교과 내 영역 간, 교과 간 내용 연계성을 고려하여 수업을 설계하고 지도함으로써 학생
들이 융합적으로 사고하고 창의적으로 문제를 해결하는 능력을 함양할 수 있도록 한다.

- 학습 내용을 실생활 맥락 속에서 이해하고 적용하는 기회를 제공함으로써 학교에서의
학습이 학생의 삶에 의미 있는 학습 경험이 되도록 한다.

- 학생이 여러 교과의 탐구 방법을 익히고 자신의 학습 과정과 학습 전략을 점검하며 개
선하는 기회를 제공하여 스스로 탐구하고 학습할 수 있는 자기주도 학습 능력을 함양
할 수 있도록 한다.

- 교과의 깊이 있는 학습에 기반이 되는 언어·수리·디지털 기초 소양을 모든 교과를 통해
함양할 수 있도록 수업을 설계한다.

위 내용을 바탕으로 깊이 있는 학습에 대해 정리해 보자.

① 단순 지식 암기보다는 핵심 아이디어를 중심으로 지식 · 이해, 과정 ·
기능, 가치·태도의 내용 요소를 유기적으로 연계

② 교과 내, 교과 간 연계 → 융합적, 창의적 문제 해결 경험

③ 실생활 맥락 → 학습 내용을 실생활에서 이해하고 적용하는 기회 제공

④ 교과 탐구 방법을 익히고 스스로 과정과 전략을 점검 → 자기주도 학
습 능력 함양

⑤ 언어·수리·디지털 기초 소양 → 모든 교과를 통해 함양하도록 설계

깊이 있는 학습

교육부(2021)에서는 이를 아래와 같이 도식화하여 제시하였다.

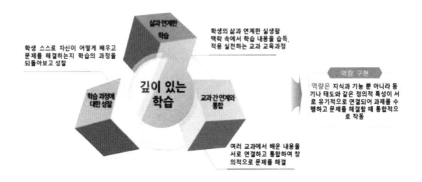

위 내용을 바탕으로 깊이 있는 학습의 네 가지 유형에 따른 수업 설계 방향을 다음과 같이 정리해 볼 수 있다.

〈깊이 있는 학습의 4가지 유형에 따른 수업 설계 방향〉

1 깊이 있는 학습을 위한 수업 설계 1: 핵심 아이디어를 중심으로 지식·이해, 과정·기능, 가치·태도를 유기적으로 연계하여 학습 경험의 폭과 깊이를 확장하는 수업 설계

2 깊이 있는 학습을 위한 수업 설계 2: 교과 내 영역 간, 교과 간 내용 연계성을 고려한 수업을 설계하여 융합적으로 사고하고 창의적으로 문제를 해결하도록 하는 수업 설계

3 깊이 있는 학습을 위한 수업 설계 3: 학습 내용을 실생활 맥락 속에서 이해하고 적용하는 기회를 제공함으로써 학교에서의 학습이 학생의 삶에 의미 있는 학습 경험이 되도록 하는 수업 설계

4 깊이 있는 학습을 위한 수업 설계 4: 교과 탐구 방법을 스스로 익히고 과정과 전략을 점검할 수 있는 경험을 제공하여 자기주도 학습 능력을 함양하는 수업 설계

깊이 있는 학습에 따른 수업 설계 방향 1
– 핵심 아이디어의 이해

> 핵심 아이디어를 중심으로 지식·이해, 과정·기능, 가치·태도를 유기적으로 연계하여
> 학습 경험의 폭과 깊이를 확장하는 수업 설계

내용체계표 비교 _ 국어과 듣기 말하기 영역

2015 개정 교육과정	2022 개정 교육과정

[듣기·말하기] (2015 개정 교육과정)

(1) 듣기 · 말하기 (2022 개정 교육과정)

위 내용을 살펴보고 내용체계표에서 변화된 것을 찾아 써 보자.

❶

❷

❸

❹

113

깊이 있는 학습

내용체계표의 가장 큰 변화는 핵심 아이디어가 도입된 것이다. 역량을 함양하는 깊이 있는 학습을 위해 핵심 아이디어가 무엇인지 이해하는 것은 매우 중요하다. 핵심 아이디어가 무엇인지 살펴보자.

‣ 핵심 아이디어 설정의 필요성

빅 아이디어(핵심 개념) 중심의 교과 교육과정 설계는 역량 함양 교육이 대두되며 필요성 부각

빅 아이디어는 적용 맥락이 구체적 지식 정보보다 넓으며 높은 층위의 빅 아이디어일수록 그것이 적용될 맥락의 폭은 더 커짐(전이 가능성 ↑)

2015 개정 교육과정에서는 빅 아이디어를 지향하며 핵심 개념 중심으로 교과 내용을 구조화했으나 주제나 소재, 소개념 등으로 선정된 경우가 많아 빅 아이디어 구실을 해내지 못함

2022 개정 교육과정에서는 '핵심 아이디어'가 해당 영역의 내용체계표에 제시된 구체적인 내용을 '왜 배워야 하는지' 보여 주도록 하였으며 내용체계표의 설계와 근거 및 방향성 제시

※ 핵심 아이디어의 바탕은 '빅 아이디어'로 위긴스, 맥타이(2005)의 백워드 설계에서 시작됨
※ 2015 개정 교육과정의 핵심 개념, 일반화된 지식은 핵심 아이디어에 포함하여 진술
※ 핵심 아이디어의 범위는 내용체계표의 영역 수준으로 설정

▸ 핵심 아이디어의 의미와 특징

의미	특징
• 해당 영역을 아우르면서 학습을 통해 일반화할 수 있는 내용을 핵심적으로 진술한 것 • 각 교과의 본질과 얼개를 드러내는 것 • 부분적으로 흩어진 사실들, 단편적 지식들을 연결하여 보다 큰 관점으로 보는 안목, 다양한 상황으로 전이 가능한 개념과 관점 등 이해의 원리 • 학습이 끝난 이후 개별 사실적 지식은 잊어버리지만 본질은 남아 있는 '영속적 이해'	• 어떤 학습에 초점을 맞추는 개념적인 '인식의 눈'을 제공 • 이해의 핵심으로 제공되는 많은 사실, 기능, 경험을 연결하고 조직 • 교육과정과 학교 밖에서 수평적으로 (여러 과목에 걸쳐) 그리고 수직적으로 (다음 과정 학년에 걸쳐) 활용하고 중요한 전이를 가치 있게 하는 것(위긴스, 맥타이 2008).

▸ 핵심 아이디어 검증 질문(온정덕 외, 2021)

- 교과의 본질과 얼개를 드러내는가?
- 교과의 핵심을 관통하는가?
- 해당 교과를 구성하는 영역을 아우르는가?
- 해당 교과와 다른 교과를 연계할 수 있는가?
- 교과 학습 및 교실 밖 삶에서 강력한 전이력을 가지고 있는가?
- 학생이 '발견'해야 할 것으로 깊이 있는 사고와 탐구를 필요로 하는가?
- 하위 영역의 제목, 주제 혹은 소재로 해석될 오해는 없는가?

이미 핵심 아이디어는 내용체계표에 제시되어 있다. 각 교과 교육과정의 구성 방향과 내용, 얼개를 짤 때 가장 중요한 것이 핵심 아이디어이므로 복잡하고 어려운 개념이지만 이해가 선행되어야 할 것이다. 우리에게 중요한 것은 핵심 아이디어와 내용 요소가 결합되어 만들어진 성취기준을 해석하고 수업을 어떻게 설계하여 핵심 아이디어를 발견하고 학습하게 할 것인지에 대한 점이다. 이러한 과정이 수업 설계의 바탕이 될 때 깊이 있는 학습을 통해 전이 가능한 역량을 함양할 수 있다.

핵심 아이디어에 대한 이해가 있으면 수업에서 숲을 볼 수 있는 안목을 갖추고 있는 것과 같다. 학습 목표에 비하면 성취기준이 숲이 되지만, 성취기준보다 높은 층위에 핵심 아이디어가 있고, 핵심 아이디어를 바탕으로 수업을 이해하고 적용할 수 있는 실력을 갖춘다면 교과 간 또는 영역 간 연계와 통합이 보다 유의미하게 이루어질 수 있을 것이다.

깊이 있는 학습에 따른 수업 설계 방향 2
– 교과 내, 교과 간 연계

> 교과 내 영역 간, 교과 간 내용 연계성을 고려한 수업을 설계하여 융합적으로 사고하고 창의적으로 문제를 해결하는 능력 함양

교과 내 영역 간, 다양한 교과 간 통합적인 수업을 설계하여 융합적으로 사고하고 창의적으로 문제를 해결하는 수업은 깊이 있는 학습을 실현하고 핵심역량을 함양할 수 있다. 이러한 수업의 형태는 특히 초등학교에서 주제나 문제를 중심으로 다양한 재구성을 통해 현장에서 꾸준히 실천되고 있다. 분절적인 교과서 기반의 수업보다 교과 통합적인 문제와 주제 중심의 수업이 전이력이 높고 역량을 함양한다는 것은 자명한 사실이다.

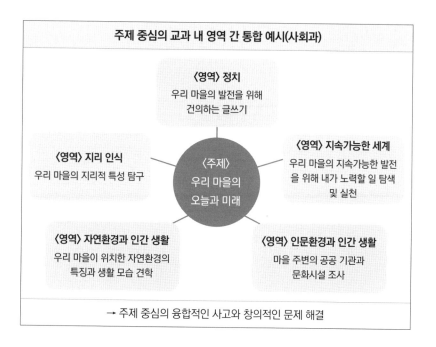

주제 중심의 교과 내 영역 간 통합 예시(사회과)

〈영역〉 정치
우리 마을의 발전을 위해
건의하는 글쓰기

〈영역〉 지리 인식
우리 마을의 지리적 특성 탐구

〈주제〉
우리 마을의
오늘과 미래

〈영역〉 지속가능한 세계
우리 마을의 지속가능한 발전
을 위해 내가 노력할 일 탐색
및 실천

〈영역〉 자연환경과 인간 생활
우리 마을이 위치한 자연환경의
특징과 생활 모습 견학

〈영역〉 인문환경과 인간 생활
마을 주변의 공공 기관과
문화시설 조사

→ 주제 중심의 융합적인 사고와 창의적인 문제 해결

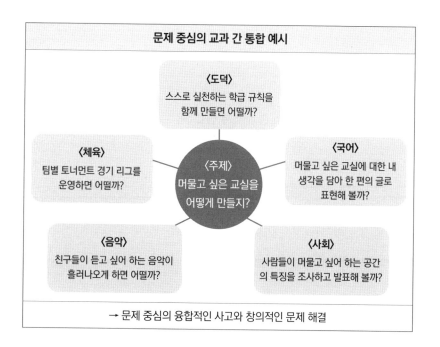

문제 중심의 교과 간 통합 예시

〈도덕〉
스스로 실천하는 학급 규칙을
함께 만들면 어떨까?

〈체육〉
팀별 토너먼트 경기 리그를
운영하면 어떨까?

〈주제〉
머물고 싶은 교실을
어떻게 만들지?

〈국어〉
머물고 싶은 교실에 대한 내
생각을 담아 한 편의 글로
표현해 볼까?

〈음악〉
친구들이 듣고 싶어 하는 음악이
흘러나오게 하면 어떨까?

〈사회〉
사람들이 머물고 싶어 하는 공간
의 특징을 조사하고 발표해 볼까?

→ 문제 중심의 융합적인 사고와 창의적인 문제 해결

깊이 있는 학습

깊이 있는 학습에 따른 수업 설계 방향 3
– 실생활 맥락과 연계

학습 내용을 실생활 맥락 속에서 이해하고 적용하는 기회를 제공함으로써 학교에서의 학습이 학생의 삶에 의미 있는 학습 경험이 되도록 하는 수업 설계

역량을 함양하기 위해서는 교과를 통해 배운 내용이 다른 상황과 맥락에서 적용될 수 있어야 한다. 이를 위해 수업의 장면에서 실생활 맥락 속에서 이해하고 적용하는 기회를 풍부하게 제공해야 한다.

우리는 흔히 배움과 삶, 앎과 삶을 연결하고 통합해야 한다고 말한다. 앎을 통해 삶을 살아가지 않으면 소용이 없고, 삶을 통해 앎을 추구하지 않으면 이 또한 바람직하지 못하다. 학교와 교실에서 앎과 삶을 연결한다는 것은 구체적으로 어떤 의미일까?

* 수업에서 앎과 삶을 연결하기 위한 방법 *

① 수업의 재료를 아이들의 삶에서 가져온다.

② 수업에 아이들의 문제를 담는다.

③ 수업의 문제가 아이들의 문제가 되게 한다.

④ 배움의 결과가 아이들의 삶에서 활용되도록 한다.

⑤ 배움의 결과가 생활 속 습관이 될 수 있도록 한다.

✳ 아이들의 앎과 삶을 연결하는 내용 구성의 예 ✳

성취기준	지금, 여기, 우리	앎과 삶을 연결하는 수업 구성
[4국01-02] 회의에서 의견을 적극적으로 교환한다.	NOW 지금	지금 우리 반에서 문제가 되는 1인 1역 활동과 관련한 학급 회의하기
[4수05-01] 실생활 자료를 수집하여 간단한 그림그래프나 막대그래프로 나타낼 수 있다.		우리 학교에서 유행하는 놀이인 딱지의 종류를 조사하여 그림그래프 또는 막대그래프로 나타내기
[2바04-01] 공공장소의 올바른 이용과 시설물을 바르게 사용하는 습관을 기른다.		가을 현장학습 장소를 미리 알아보고, 장소에 따른 예절과 시설물 이용 방법 탐색하기
[2슬02-03] 봄이 되어 볼 수 있는 다양한 동·식물을 찾아본다.	여기 여기	학교 옆 공원에 가서 봄에 발견할 수 있는 다양한 동·식물 관찰하기
[생활안전 01-03] 운동장이나 놀이터에서의 위험 요인을 알고 안전하게 놀이한다.		우리 학교 놀이터와 운동장에서 다칠 수 있는 곳은 어디인지 조사하여 발표하기
[4사03-04] 우리 지역과 관련된 역사적 인물의 삶을 알아보고, 지역의 역사에 대해 자부심을 갖는다.		우리 지역 문화재 체험학습을 하며 인물의 삶을 조사하며 자부심 갖기
[4국05-04] 작품을 듣거나 읽거나 보고 떠오른 느낌과 생각을 표현한다.	우리! 우리	교사 교육과정의 목표와 연계하여 온책읽기 수업으로 재구성
[4수01-16] 분모가 같은 분수의 덧셈과 뺄셈의 계산 원리를 이해하고 계산할 수 있다.		분수를 어려워하는 우리 반 아이들을 고려하여 해당 수업 시수 증배 및 실생활 내용 구성
[6도02-01] 사이버 공간에서 발생하는 여러 문제에 대한 도덕적 민감성을 기르며, 지켜야 할 예절과… (중략)		학급 내 관계의 문제를 해결하기 위해 단체 채팅방 언어 예절 문제와 연계한 수업 구성

깊이 있는 학습

깊이 있는 학습에 따른 수업 설계 방향 4
– 자기주도 학습 능력_탐구와 점검

> 교과 탐구 방법을 스스로 익히고 과정과 전략을 점검할 수 있는 경험을 제공하여 자기 주도 학습 능력을 함양하는 수업 설계

　　교과의 탐구 방법을 스스로 익히고 과정과 전략을 점검할 수 있는 경험을 통해 자기주도학습능력을 함양하는 수업은 학생의 역량을 효과적으로 함양할 수 있다. 학생 주도성이나 자기주도학습, 능동적으로 참여하는 수업에 대해서는 이전 장에서 간단히 살펴보았다. 역량을 함양하는 깊이 있는 학습을 위해서는 학생이 주도성을 갖고 조사,탐구,실험,토론 등의 활동에 참여하는 과정이 필수적이다. 이 과정에서 스스로 학습 목표와 과정의 전략을 수립하고 실천 결과에 성찰하고 반성하는 메타인지를 통해 역량은 함양된다.

> 메타인지 – 자신의 학습법에 대해 생각하는 것, 자기 자신에 대해 생각하는 것

　　자기주도학습 능력과 메타인지를 향상시키기 위해 수업에서 일반적으로 다음과 같은 전략이 활용될 수 있다.

- ▸ 학습 목표 설정 – 스스로 목표와 학습 방향 세우기
- ▸ 학습 전략 수립 – 설정한 목표에 적절한 학습 계획과 방법 찾기
- ▸ 학습 과정과 전략 점검 – 학습 과정에서 스스로 평가하기

‣ 학습 방법 개선 – 평가 결과를 바탕으로 스스로 개선점 찾기

‣ 피드백 수용 – 다른 사람의 피드백 수용하기

수업 중 학생이 자신의 이해 정도를 스스로 점검하고 평가 기준에 따라 스스로 평가하며 개선을 위해 친구들과 소통하고 협력하는 과정에서 메타인지는 효과적으로 발달할 수 있다. 자신의 학습 결과에 대해 잘한 점과 부족한 점을 찾아 보고 결과에 대해 스스로 책임질 수 있는 자세를 갖추게 하는 것도 메타인지를 향상시켜 일상적인 수업에서 역량을 함양하는 방법이다. 교사에 의한 과잉 지시, 간섭, 통제는 학생의 자기주도학습능력 발달을 제한할 수 있으므로 학생이 스스로 자신을 되돌아보고 학습을 점검할 수 있도록 믿고 기다려주는 태도가 필요하다.

참고 자료

온정덕(2020), 초·중학교 교육과정 구성 방안 연구
김경자(2019), 역량 함양을 위한 교육과정 설계-이해를 위한 수업
김현우(2021), 교사 교육과정을 DIY하라

학생 맞춤형 수업

개정의 배경

최근 급격한 인구구조의 변화로 학령인구가 감소하고 소인수 학급이 증가하고 있다. 또한 복식 학급과 통폐합 학교 역시 늘고 있는 실정이며 지방의 인구 소멸은 이미 현실로 다가온 문제다. 이제는 학생 한 명 한 명을 건강한 민주시민으로 길러내야 하는 것이 교사의 사회적 책임으로 강조되는 시대가 되었다.

『학교혁명』의 저자인 켄 로빈슨 박사는 교육 혁명의 키워드로 '개개인성'을 제시한다. 미래 학교에서는 인간의 존엄성과 함께 개개인성이 존중되어야 한다는 것이다. 이는 교육 혁신이 나아가야 할 주요 방향이다.

인간은 저마다 타고난 특성이 다르고 개인차가 존재한다는 사실은 모든 심리학자가 공통으로 인정하고 있다. 학생의 개개인성을 살리는 교육을 위해 학생 간 존재하는 개인차를 학교 교육과정 수업에 적극적으로 반영해야 한다. 이는 학생 맞춤형 수업으로 구현할 수 있다. 미래 교육은 화려한 에듀테크를 교육에 접목시킬 때 찾아오는 것이 아니라 학생 개개인의 배움과 성장에 집중할 때 가능하다.

용어의 의미

맞춤형 수업

학습자 개개인의
특성 존중

학습자 간 협력과
소통으로 학습 효율성
증진

학생 맞춤형 수업은 학습자의 다양한 특성을 고려하되, 다른 학습자와의 협력과 소통을 강조하며 학습자 스스로 최대의 성장을 이룰 수 있도록 하는 수업 설계 방식이다. 학생의 능력과 적성, 흥미, 학습 유형을 존중하고, 이를 수업에 반영하여 학생들이 각각 성공적인 학습 경험을 가질 수 있도록 하되, 유연한 집단 구성을 통한 협력 학습으로 학습의 효율성을 높이는 방법이다. 교사는 학생의 준비도, 관심사 및 흥미, 학생이 선호하는 학습 방식, 진로 등을 고려하여 다양한 교수·학습 및 평가 방법 등을 활용할 수 있다.

맞춤형 수업은 다양한 학습자들의 요구를 충족시키기 위해 수업을 전략적으로 설계하여 목표로 설정한 기준을 성취할 수 있도록 하는 하나의 철학이자 마인드 셋(Mind set)으로 이해할 수 있다(Gregory&Chapman, 2014).

* 일제식 수업과 맞춤형 수업 비교[Fox&Hoffman(2011)] *

일제식 수업	맞춤형 수업
교사가 모든 질문에 대답한다.	교사가 질문을 학생에게 다시 돌린다.
모든 학생이 동일한 주제를 다룬다.	학생들이 다양한 주제를 선택한다.
모든 학생이 동일한 책을 읽는다.	흥미, 관심 수준에 따라 책을 선택한다.
교사가 대부분의 시간을 교실 앞에 서서 학생들에게 동일한 내용을 가르친다.	대부분의 시간을 내용 전달에 사용하지 않고 학생의 활동을 안내한다.
교사가 말로만 지시한다.	교사가 말과 글로 안내한다. 교사가 프로젝트 샘플을 제공하고 학생들이 기대되는 성과를 볼 수 있도록 한다.
전체 수업 시간을 한 가지 활동을 하는 데 사용한다.	수업이 7~10분 단위로 나누어져 각 단위마다 새로운 활동을 한다.
학생들이 수업 시간에 책을 읽고 수업 시간 이외에 프로젝트를 수행한다.	학생들이 수업 시간 중에 다른 학생들과 함께 활동하고 수업 시간 이외에는 스스로 할 수 있는 것을 한다.
학생들은 보통 단원이 끝날 때 동일한 검사를 한 번 치른다.	학생들에게 양질의 활동 사례를 제공하고 교정을 위하여 학생들의 활동을 여러 번에 걸쳐 점검한다.

2022 개정 교육과정의 학생 맞춤형 수업

맞춤형 수업은 2015 개정 교육과정 총론에서는 단 1회 등장한다. 하지만 해설서에서는 여러 번 찾아볼 수 있다. 2015 개정 교육과정 해설서에는 맞춤형 수업에 대해 다음과 같이 진술하고 있다.

학생 맞춤형 수업은 학습자의 다양한 특성을 고려하되… (중략)

이러한 학습자의 특성은 다음과 같은 요소에 반영하여 수업을 설계할 수 있다.

① 교육 내용: 교수·학습에 있어 '투입'에 해당하며, 학생들이 학습 목표에 도달하는 과정에서 학습해야 할 내용이다.

② 교육 방법: 학습 목표를 효과적으로 달성하기 위한 다양한 교수·학습 활동이자 교육 방법을 의미하며 학생들의 특성에 따라 다양한 학습 활동을 제시하여 선택하게 할 수 있다.

③ 교육 결과물: 학생이 자신이 이해한 것을 드러낼 때 가장 효과적으로 표현할 수 있는 평가나 과제가 될 수 있도록 교사의 의도적인 계획이 필요하다.

맞춤형 수업에서는 융통성 있는 집단 구성을 통한 협동 학습을 강조한다. 교사는 학습 주제나 수업 상황에 따라서 학생의 준비도, 관심, 학습 양식과 같은 요소를 고려하여 다양한 학습 집단을 구성할 수 있다. 유연한 집단 편성은 학생들에게 심리적 안정을 줄 수 있으며 공동의 목표를 성취하기 위한 집단 내 협력을 촉진할 수 있다.

2022 개정 교육과정 총론에는 맞춤형 또는 맞춤형 수업이란 용어가 2015 개정 교육과정에 비해 자주 등장한다. 또한 맞춤형과 유사한 의미인 '개개인', '학습자에게 적합한' 등의 용어를 포함한다면 그 빈도는 더욱 늘어난다. 총론에서 제시한 맞춤형 수업의 큰 방향인 학습 활동과 방법의 다양화와 다양한 학습 집단 구성은 2015 개정 교육과정 해설서에서 제시한 방향과 동일하게 연속성을 갖는다는 것을 확인할 수 있다. 단 시대 사회적 요구와 필요성이 더해져 중요성이 더욱 강조되었다.

총론에는 '학생 개개인의 특성과 진로에 맞는 학습을 지원해 주는 맞춤형 교육에 대한 요구가 증가하고 있다.'라고 기술되어 맞춤형 교육에 대한 요구가 개정의 주요 사항임을 나타낸다.

또한 구성 중점에서 "학생들이 자신의 진로와 학습을 주도적으로 설계하고 적절한 시기에 학습할 수 있도록 학습자 맞춤형 교육과정 체제를 구축한다."로 이어진다. 이어 학교 교육과정 설계의 원칙에는 "학교의 교육 여건과 환경을 종합적으로 고려하여 학습자에게 적합한 학습 경험을 제공한다."라고 큰 방향을 제시하고 있다. 끝으로 교수 학습에서 학생 맞춤형 수업 방법을 자세히 진술한다.

총론에 제시된 학생 맞춤형 수업의 큰 방향은 학습 활동과 방법 다양화와 다양한 학습 집단 구성이다.

* 총론에 제시된 학생 맞춤형 수업의 큰 방향 *

---

① 교과의 특성과 학생의 능력, 적성, 진로를 고려한 학습 활동과 방법 다양화
② 학교 여건과 학생 특성에 따라 다양한 학습 집단 구성

이후 보다 구체적인 방법이 제시되는데 학습 활동과 방법을 다양화하기 위해서 학습 출발점을 파악하고 학습 소재, 자료, 활동을 다양화하거나 정보 통신 기술 매체를 활용하고 지능 정보 기술 활용이 가능함을 제시한다. 또한 맞춤형 수업에서 개인적·사회 문화적 배경의 다양성을 이해하고 존중하며 이를 수업에 반영할 때 편견·고정관념·차별을 야기하지 않도록 유의하며 개개인의 학습 결손 예방을 위해 노력하고 필요시 보충 학습 기회 제공을 안내하고 있다. 이를 정리하면 아래와 같이 나타낼 수 있다.

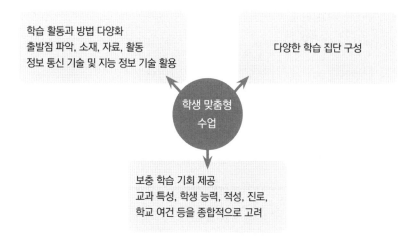

📝 수업 적용 방안

    학생 맞춤형 수업에서는 동일한 성취기준도 학생의 특성과 교사의 설계에 따라 다양한 형태의 맞춤형 수업이 만들어질 수 있다.

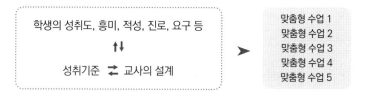

    맞춤형 수업은 사실 학생 개개인의 성취도, 흥미, 적성과 진로 등에 맞추어 이루어져야 한다. 이는 가장 바람직한 방향이다. 하지만 학생 개개인에 맞춘 수업을 하기 전에 먼저 학급 전체 학생을 고려한 맞춤형 수업 설계가 선행되어야 한다. 우리 반 학생의 특성에 맞는 수업은 학생 개개인에게 맞춘 수업의 선행조건이다. 또한 보다 쉽게 적용할 수 있고 이를 바탕으로

         학생 맞춤형 수업

개개인에게 맞는 맞춤형 수업으로 확장할 수 있다.

맞춤형 수업은 교과서 중심 수업을 넘어서는 확장을 의미한다. 주어진 자료를 활용하는 수업에서 우리 반 아이들의 특성을 고려하여 직접 만들고 설계하는 수업을 하게 한다. 이 과정은 그렇게 쉽지 않다. 교사의 수업 철학이 바뀌는 과정이며 익숙했던 것에서 벗어나는 용기와 상당한 시간 투자, 그리고 경험이 뒷받침되어야 가능하다. 특별히 학생 개개인을 고려한 맞춤형 수업은 더욱 그렇다. 따라서 중간 과정이 필요하다. 우리 학급 학생의 전반적인 성취도, 흥미, 요구, 특성을 파악하여 수업에 적용하는 과정이다.

☑ 학급 단위 맞춤형 수업 설계

학급 학생 전체의 평균을 고려하여 맞춤형으로 설계하고 적용하는 수업을 지향한다.

* 우리 반 학생의 교과 성취도에 맞는 맞춤형 수업 *

실태	학급 평균 수학적 성취도가 낮고 수학을 어려워함(성취도)
관련 성취기준	연산 관련 성취기준
교사의 설계	어떻게 하면 수학과 연산 영역의 성취도를 높일 수 있을까?
맞춤형 수업 설계	• 매 수업 전 이전 학습을 정확히 진단하고 복습할 수 있는 기회를 제공해야지! • 단원 학습 시수를 증배하여 느린 학습자를 배려하자. • 개인 활동과 짝 활동과 모둠 활동을 고루 사용하여 스스로 문제를 해결하는 경험과 친구들과 함께 문제를 해결하는 경험을 충분히 제공해야지! • 실생활 관련 문제들을 많이 찾아서 수업 시간에 제공해야겠군. • 쪽지 시험, 골든벨, 짝과 문제 만들어 풀기 등 다양하게 형성 평가를 하고 피드백해야겠군. 수행평가 계획도 수립하여 이해 정도를 정확히 진단하고 피드백해야겠어.

✻ 우리 반 학생의 흥미에 맞는 맞춤형 수업 ✻

실태	(남학생) 월드컵 이후 축구에 대한 관심이 상당하군! (여학생) 쉬는 시간마다 슬라임을 하는 아이들이 대부분이네?	
관련 성취기준	미술과 관련 창의적인 표현 국어과 글쓰기 관련 성취기준 모든 교과를 통해 함양해야 할 디지털 소양	
교사의 설계	어떻게 하면 우리 반 아이들의 흥미를 수업에 활용할 수 있을까? 어떻게 하면 아이들의 삶을 수업과 연결시킬 수 있을까?	
맞춤형 수업 설계	**남학생** 좋아하는 축구 선수, 축구 역사, 월드컵의 의미 등 폭넓게 조사하는 활동을 해 보자. 다음 월드컵 공인구를 디자인해 보는 수업을 해 볼까? 조사한 내용과 만든 공인구를 소개하며 친구들 앞에서 발표하는 시간도 가져야지.	**여학생** 슬라임의 효과, 위험한 점, 만드는 과정 등에 대해 조사하는 활동을 해 보자. 나만의 콘셉트를 잡고 슬라임 판매 세트 상품을 디자인해 볼까? 조사한 내용과 만든 슬라임 세트를 소개하며 친구들 앞에서 발표하는 시간도 가져야지.

학생 맞춤형 수업

☑️ 학생 개개인에 맞춘 맞춤형 수업 설계

학생 개개인의 흥미, 진로, 적성, 성취도 등에 따른 맞춤형 수업을 지향한다.

(유형 1) 동일한 수업 주제 → 흥미와 관심에 따라 맞춤형 수업 내용

예시 1

성취기준	우리 지역의 공공기관(사회) 관련
수업 설계	내가 경험했던 공공기관 이야기하고 하는 일 조사하기
발문	· 여러분이 경험했던 공공기관에 대해 이야기해 볼까요? · 조사하고 싶은 공공기관을 선택하여 조사해 봅시다.

흥미와 관심사에 따른 맞춤형 수업 내용	학생 1	나는 경찰서에 대해 조사해야지.
	학생 2	나는 도서관에 대해 조사해야지.
	학생 3	나는 복지관에 대해 조사해야지.

→ 수업 주제(공공기관에 대해 조사하기)는 같지만 학생 개개인의 경험과 관심사에 따라 학습 내용(각자 조사한 공공기관)은 달라질 수 있다.

예시 2

성취기준	토의·토론 관련
수업 설계	토의하고 싶은 주제에 맞게 모둠 토의하기
발문	· 여러분이 토의하고 싶은 주제는 무엇인가요? · 내가 토의하고 싶은 주제를 선택하여 모둠을 만들고 토의해 봅시다.

흥미와 관심사에 따른 맞춤형 수업 내용	학생 1	나는 급식소에서 생기는 문제 해결을 토의하고 싶어.
	학생 2	나는 스마트폰 중독 해결에 대해 토의하고 싶어.
	학생 3	나는 점심 식사 순서를 결정하는 문제에 대해 토의하고 싶어.

→ 수업 주제(토의하기)는 같지만 학생 개개인의 경험과 관심사에 따라 학습 내용(토의 주제)은 달라질 수 있다.

예시 3

성취기준	창의적인 제품 디자인하기(실과)
수업 설계	생활 속 문제를 해결하는 창의적인 발명
발문	· 생활 속에서 느낀 불편함은 무엇이 있었나요? · 문제 해결을 위해 발명품을 디자인해 볼까요?

흥미와 관심사에 따른 맞춤형 수업 내용	학생 1	나는 우산을 매일 잃어버려.
	학생 2	나는 자주 늦잠을 자.
	학생 3	나는 휴대폰을 놓고 다녀.

→ 수업 주제(발명)는 같지만 학생 개개인의 경험과 관심사에 따라 학습 내용(문제에 따른 발명품)은 달라질 수 있다.

예시 1

성취기준	조선 전기의 사회 특성 관련			
공통 학습	조선 전기의 일반적인 특징 이해(교과서 활용)			
선택 학습	조선 전기의 특징 중 더 알아보고 싶은 주제를 이야기해 보자. 모둠을 구성해서 조사하고 발표해 보자.			
학생 의견	놀이, 신분, 전쟁, 그림, 상공업 등등			
학생의 학습 주제 선정	원하는 주제를 선택하여 모둠을 구성해 보자.			
흥미와 관심 에 따른 맞 춤형 수업 주제 선정	흥미와 관심에 따른 맞춤형 수업 주제			
	놀이 체험	신분제 조사	조선시대 발 행된 책들 조사	그림으로 표현
	학생 1 학생 3 학생 5	학생 4 학생 9 학생 11	학생 6 학생 12 학생 2	학생 10 학생 7 학생 8
전체 발표 및 공유				

→ 공통 학습 이후 선택 학습은 학생의 자유로운 선택에 따른 학습 주제 선정

예시 2 **꾸메푸메 프로젝트**

학생의 흥미와 관심에 따라 주제를 선정하여 특정 기간 동안 자유롭게
탐구하고 발표하는 프로젝트.

* 꾸메푸메 프로젝트 운영 과정 및 학생 선택 유형 *

자유 탐구 프로젝트 운영 과정	자유 탐구 프로젝트 유형
1단계: 탐구 주제 정하기 2단계: 탐구 계획 세우기 3단계: 탐구 활동의 수행 4단계: 탐구 보고서 작성 5단계: 탐구 보고서 발표	1. 관찰·실험·공작 중심 자유 탐구 2. 조사·토의 중심 자유 탐구 3. 사육·재배 중심 자유 탐구 4. 탐사·탐방 중심 자유 탐구 5. 진로·탐색 중심의 자유 탐구 6. 독서(문헌 연구) 중심의 자유 탐구

☑ 맞춤형 수업 방법을 적용한 수업 설계

성취기준	우리 지역의 공공기관(사회) 관련
수업 설계	내가 경험했던 공공기관 이야기하고 하는 일 조사하기
발문	· 여러분이 경험했던 공공기관에 대해 이야기해 볼까요? · 공공기관을 선택하여 다양한 방법으로 하는 일을 표현해 봅시다.

흥미와 관심사에 따른 맞춤형 수업 방법	방법 1	역할놀이	나는 경찰서의 특징이 드러나게 역할놀이로 표현해야지.
	방법 2	만화	나는 도서관에서 하는 일을 만화로 표현해야지.
	방법 3	보고서	나는 복지관에서 하는 일을 보고서로 써 봐야지.

→ 학생의 선택에 따른 서로 다른 수업 방법 적용 및 피드백

☑ 다양한 학습 집단 구성을 통한 맞춤형 수업

개별, 모둠별, 소집단, 대집단	학급 내 집단 구성	학년 내 집단 구성	무학년제 집단 구성

　맞춤형 수업이라고 하여 성취도가 높은 학생에게는 고등 사고 능력을 가르치고 낮은 학생에게는 낮은 수준의 사고 기능을 가르치는 것을 의미하지 않는다. 다양한 형태의 맞춤형 수업이 이루어지기 위해서는 여러 관점에서 대답할 수 있는 열린 질문을 던지고 학생들이 다양한 견해를 말하도록 허용적인 교실 분위기를 조성해야 한다. 맞춤형 수업의 핵심은 모든 학생에게 학생 개개인에게 적합한 방식으로 의미 있는 지식과 기능의 적용 기회를 제공하는 데 있다. 학생들이 공통의 이해에 도달하는 것을 목표로 하되 다양한 길과 방법을 제공하는 것이 중요하다.

참고 자료

이현경(2022), 학습자 데이터 기반 맞춤형 수업설계에 대한 초등학교 교사의 인식과 설계과정
　　　　연구
온정덕(2013), 이해중심 교육과정과 맞춤형 수업의 통합
주은희(2014). 맞춤형 수업이 학습자의 이해와 학습 태도에 미치는 영향

3부

2022 개정 교육과정

사회적 필요와
요구를 담다

생태전환교육

개정의 배경

지구촌은 2015년 '파리협정'을 채택하여 산업화 이전 대비 지구의 평균 온도 상승을 1.5℃로 억제하기 위해 노력하는 것을 목표로 설정하였다. 이에 여러 나라에서 탄소 중립을 위한 정책을 마련하였다. 탄소 중립의 실현으로 지속가능한 미래를 만들기 위해서 모든 분야와 시스템에 걸친 대안의 마련과 전환이 필요하다.

이러한 국가·사회적 요구를 반영하여 기상이변과 기후 환경 변화 등 다양한 위기 상황에 대응할 수 있는 역량을 함양할 수 있도록 교육과정 체제도 전환되었다. 2022 개정 교육과정 주요 사항에서 기술한 생태전환교육의 개념은 아래와 같다.

* 2022 개정 교육과정 총론 주요사항에 제시된 생태전환교육 *

> 생태전환교육은 기후변화와 환경 재난 등에 대응하고 환경과 인간의 공존을 추구하며, 지속가능한 삶을 위한 모든 분야와 수준에서의 생태적 전환을 위한 교육

2022 개정 교육과정에서는 지속가능한 미래 준비를 위한 공동체의 가치 및 역량을 강화하는 방향으로 생태전환교육의 정의를 명확하게 제시하고 있다. 생태전환교육의 정의에서 주목해야 할 단어는 '전환'이다. 전환은 기존의 것을 다른 방향이나 상태로 바꾸는 것이다. 환경과 인간의 관계를 바라보는 관점을 기존과 다르게 바꾸는 것이 생태전환교육의 출발점이 될 것이다.

지금까지의 생태교육을 떠올려 보면 인간이 환경을 보호하는 내용으로 이루어져 왔다. 이것의 전환을 위해서는 인간 중심적 관점에서 환경을 보호하는 것이 아닌 인간과 환경이 공존한다는 것을 깨달아야 한다. 이러한 개개인의 인식의 변화가 사회 구성원들의 공감대로 이어져야 공동체를 위한 생태 감수성이 길러질 수 있다. 생태계의 현 상황에 관심을 기울이고, 현재 직면하고 있는 문제를 주인 의식을 가지고 해결해 갈 때, 지속가능한 미래에서 공동체가 더불어 살아갈 수 있을 것이다. 변화하는 기후, 생태환경의 중요성에 대해 인지하고, 우리의 삶과 자연을 연결하여 문제를 인식하고 해결하는 역량을 기를 수 있는 생태전환교육이 필요한 시점이다.

☑ 용어의 의미

생태전환교육이란 "기존 환경교육·생태교육을 넘어 기후 위기를 인식 및 대응하고 지속가능한 성장과 확장을 도모하기 위해 '가치와 지향점', '실천교육', '실천 행동', '시스템과 제도의 전환' 등

의 영역이 서로 융·복합적으로 작동하는 원리로 교육의 생태적 전환"을 의미한다. 생태전환교육과 관련한 유사 개념 간의 관계 정립은 다음과 같다. 생태전환교육 안에 기후위기교육, 생태교육, 환경교육, 지속가능발전교육, 생명존중교육, 인성교육, 민주시민교육, 세계시민교육, 인권교육 등을 아우른다(안종복 외, 2022).

2015 개정 교육과정 vs 2022 개정 교육과정에 반영된 생태전환교육

2015 개정 교육과정	2022 개정 교육과정
• 과학, 사회, 실과 등 '환경교육'과 관련된 범교과 학습 주제(환경·지속가능한발전 교육)에 반영 • 범교과 학습 주제(환경, 지속가능한 발전 교육)에 반영	모든 교과에서 환경 관련 내용 요소를 추출하여 성취기준 등에 반영하여 생태 소양 함양 교육 실시

 변화

2015 개정 교육과정에서는 과학, 사회, 실과 등의 일부 교과에서 '환경 교육'에 해당하는 영역이 편성되어 있었다. 반면, 2022 개정 교육과정에서는 특정 교과나 차시가 아닌 모든 교과에서 환경 관련 내용 요소를 추출하여 내용 및 성취기준 등에 '지속가능한 발전', '기후 위기 대응', '생태전환' 등에 포함된 가치(생명존중, 지속 가능, 생태 감수성)를 기를 수 있도록 제시하고 있다. 나아가 2022 개정 과학과 교육과정의 경우 '과학과 사회' 영역을, 체육과 교육과정의 경우 '스포츠 영역'을 신설하여 생태전환교육의 방향성을 제시하고 있다.

2022 개정 교과 교육과정(각론)의 성격, 목표, 성취기준, 교수학습 방법 및 평가 방법에 생태전환교육이 어떻게 구현되고 있는지 구체적으로 살펴보면 다음과 같다.

• 통합교과

> ✱ 성격
>
> 초등학교 통합교과는 '지금-여기-우리 삶'을 위한 배움을 추구한다. 이를 위해서 **학생 개인의 관심사와 공동체의 문제를 아우를 수 있는 탈학문적 주제를 중심**으로 교육과정을 통합하였다.(바른생활, 슬기로운 생활, 즐거운 생활 동일)
>
> (1) 교수·학습의 방향
>
> (가) 언어 소양, 디지털 소양과 더불어 안전·건강 교육, 인성 교육, 진로 교육, 민주시민교육, 인권 교육, 다문화 교육, 통일 교육, 독도 교육, **환경·지속가능발전 교육 등의 범교과 학습 주제를 연계하여 계획할 수 있다.**(바른생활, 슬기로운 생활, 즐거운 생활 동일)

→ 통합교과는 '지금-여기-나'에서 '우리-마을-사회-지구'로 동심원적인 확장을 보인다. 생태전환교육은 개인과 공동의 관심사를 함께 다룰 수 있는 좋은 주제로 현재의 실천이 미래와 사회, 그리고 지구로 확장될 수 있는 통합교과의 좋은 수업 제재이다. 교수 · 학습의 방향에서 제시된 것처럼 지속가능발전 교육, 생태 교육은 통합교과의 탈학문적인 교육과정과 연계하여 운영할 수 있다.

• 국어과

> ✱ 5~6학년군 문학 영역
>
> (나) 성취기준 적용 시 유의 사항
>
> **지구가 처한 위기에 관련된 문제들을 찾아보고 일상에서 그러한 문제를 해결하기 위해 노력하는 생태 소양을 함양하는 한편 융합적인 사고와 역량을 기를 수 있도록 지도한다.**
>
> 예를 들어 사회과의 '지구촌을 위협하는 다양한 문제들을 파악하고, 지속가능한 미래를

위한 해결 방안을 탐색'하는 성취기준([6사12-02])과 연계할 수 있는 문학 작품을 선정하여 교과 통합적 활동을 수행하도록 한다.

→ 국어과에서는 생태전환교육과 관련된 다양한 텍스트를 수업의 제재로 활용할 수 있다. 이를 통해 생태 소양을 함양하고 현재 당면한 문제를 파악하며 토의·토론하는 과정에서 지속가능한 미래를 위한 해결 방안을 탐색할 수 있는 수업을 구성할 수 있다.

• **실과과**

＊ 교육과정 설계의 개요

또한 **'생태전환교육'**, '민주시민교육', '디지털·AI 소양 함양 교육'이라는 **주제가 실과(기술·가정)의 목표, 내용 체계, 성취기준의 각 내용에서 다루어지도록** 하였다. 초·중학교 공통 교육과정으로서 실과(기술·가정)의 내용 영역은 '인간 발달과 주도적 삶', **'생활환경과 지속가능한 선택'**, '기술적 문제 해결과 혁신', '지속가능한 기술과 융합', '디지털 사회와 인공지능'으로 구성되어 있다.

＊ 목표

2. 변화하는 생활환경에서 개인과 가족의 삶에 적용할 수 있는 지식, 수행 능력, 태도를 기르고, 생활 자원을 삶의 요구와 필요에 맞게 합리적으로 활용하며, **공동체와 생태 환경을 고려한 책임 있는 행동을 통해 나와 가족, 공동체의 삶의 질을 향상시키는 생활 역량을 기른다.**

＊ (2) 생활환경과 지속가능한 선택 영역 성취기준

[6실02-03] 생활 자원의 올바른 사용이 가정과 환경에 도움이 됨을 이해하고 재활용, 재사용 등 환경을 고려한 관리 방법을 실천한다.

[6실02-11] **생태 지향적 삶을 위해 자신의 의식주 생활에서 할 수 있는 구체적인 행동을 계획하여 실천한다.**

* (4) 지속가능한 기술과 융합 영역 성취기준

[6실04-01] **친환경 건설 구조물을 이해하고**, 생활 속 구조물을 탐색하여 간단한 구조물을 체험하면서 건설 기술에 대한 가치를 인식한다.

[6실04-09] **동·식물 자원의 친환경 농업 사례를 통해 지속가능한 농업이 순환되고 있음**을 인식하고, 농업의 미래 가치를 인식한다.

→ 실과과에서는 생태 지향적 삶을 위한 행동들을 실천하며 생태 감수성을 기를 수 있도록 수업을 구성할 수 있다. 생태 환경을 고려한 책임감 있는 행동을 실천하는 것은 공동체 역량 함양으로 연결된다. 이러한 내용은 성취기준으로 직접 구체화되었다.

수업 활용 방안

① 손쉽게 실천할 수 있는 저학년 생태전환교육

교실과 학교, 학교 주변 마을에서 손쉽게 실천할 수 있는 생태전환교육 활동을 소개한다. 2022 개정 교육과정 통합교과 영역에 맞게 일부 내용을 수정하여 쉽게 실천할 수 있도록 하였다.

* 2022 개정 교육과정 통합교과 영역 및 생태전환교육 관련 성취기준 *

영역	성취기준
우리는 누구로 살아갈까	[2바01-04] 생태 환경에서 더불어 살기 위해 노력한다. [2슬01-04] 사람과 자연, 동·식물이 어우러져 사는 생태를 탐구한다.
우리는 어디서 살아갈까	[2바02-01] 공동체에서 내가 할 수 있는 일을 찾아보고 실천한다.
우리는 지금 어떻게 살아갈까	[2바03-04] 공동체 속에서 지속 가능성을 위한 삶의 방식을 찾아 실천한다.
우리는 무엇을 하며 살아갈까	[2바04-01] 모두를 위한 생활환경을 만드는 데 참여한다.

계절	교과 연계 생태전환교육 활동 예시	시기
봄	· 우리 학교 화단에서 볼 수 있는 봄꽃 관찰하기 · 새싹 식물 기르기 - 새싹아, 얼굴을 내밀어 봐!(무순, 보리싹, 열무) · 나팔꽃 키우기 – 나팔꽃아, 하늘까지 자라렴 · 봄 생태 놀이 – 지역 나들이, 달팽이 놀이	3~4월
여름	· 하천에서 살아가는 동물과 식물 찾아 동·식물 카드 만들기 · 여름 동산 친구들 만나기 – 사슴벌레야, 뿔을 번쩍 들어 보렴 · 여름 생태 놀이 – 풀잎 씨름, 나뭇잎 프로타주, 모래놀이	5~7월
가을	· 생명이 살아 있는 우리 동네 사진 전시회 열기 · 가을 열매, 가을 색으로 꾸미기 – 가을아, 놀자! · 가을 생태놀이 - 흙놀이, 낙엽 밟기, 도토리 나르기, 나뭇잎 공	9~10월
겨울	· 학교 주변 자연환경의 겨울 변화된 모습 살펴보기 – 주변에서 볼 수 있는 겨울 동·식물의 겨울나기 · 겨울 친구들 도와주기 – 실천 방안 토의하기 – 인근 탐방길에 겨울 친구들을 위한 곡식이나 견과류 먹이 주기 · 겨울 생태 나기 – 나뭇가지로 꾸미기, 나무껍질 프로타주	11~12월

② 주제 중심의 교과 통합 수업 설계

기후 위기의 심각성을 인지하고 생태 전환을 위한 노력을 행동으로 실천하며 생태 감수성을 기르는 것을 목표로 하는 수업의 설계 과정을 살펴보면 다음과 같다. 먼저, 기후 위기, 환경, 생태, 지속가능한 미래 등과 관련된 교과 성취기준을 살펴본다. 그리고, 수업자 의도에 부합하는 성취기준을 추출하여 재구조화한 후, 수업 활동을 구성한다. 아래는 성취기준 [6국05-01], [6사12-02], [6실02-11], [6실04-01]을 재구조화하여 '지속가능한 미래를 위한 실천' 주제로 한 통합 수업 예이다.

＊ 생태전환교육 교과 통합 수업 예시 ＊

교육과정 성취기준	[6국05-01] 작가의 의도를 생각하며 작품을 읽는다. [6사12-02] 지구촌을 위협하는 다양한 문제들을 파악하고, 지속가능한 미래를 위한 해결 방안을 탐색한다. [6실02-11] 생태 지향적 삶을 위해 자신의 의식주 생활에서 할 수 있는 구체적인 행동을 계획하여 실천한다. [6실04-01] 친환경 건설 구조물을 이해하고, 생활 속 건설 구조물을 탐색하여 간단한 구조물을 체험하면서 건설 기술에 대한 가치를 인식한다.		
목표	기후 위기의 심각성을 인지하고, 지속가능한 미래를 위한 방안을 계획하고 실천할 수 있다.		
차시	활동명	주요 내용 및 활동	비고
1~4	지금은 기후 위기인가?	• '1도가 올라가면 어떻게 될까?' 온책읽기 • 기후 위기 관련 자료를 조사하고 분석하기 • 발표 자료 제작하고 공유하기	국어, 사회
5~10	친환경 마을은 어떤 모습일까?	• 마을 플로깅하기 • 우리 마을 풍경 그리기 • 지속가능한 친환경 공간 제작하기 (코스페이시스)	창체, 미술, 실과
11	지속가능한 미래를 위해 실천해요.	• 학교, 가정에서 환경을 위해 할 수 있는 일 포스터 제작하기 • 학교, 가정에서의 실천 학급방에 기록하기	학교, 가정과 연계하여 실천

'지속가능한 미래를 위한 실천' 프로젝트를 실시하며 생태 감수성을 기를 수 있도록 지구촌의 문제 상황을 조사하고 공유한 후 학교·가정·지역사회에서 생태 보전을 위해 할 수 있는 일을 탐구하고 실천하도록 하였다. 나아가 친환경 공간에 대해서 고민해 보고 지속가능한 미래를 위한 공간을 설계하고 소프트웨어를 활용하여 구현해 보면서 지속가능한 미래 환경에 대해 관심을 가질 수 있도록 하였다.

📋 적용 시 유의점

탄소 중립 실현으로 지속가능한 미래를 만드는 것이 국정 과제인 만큼 각 시도 교육청에서도 생태전환교육을 위한 다양한 지원을 하고 있다. 탄소중립프로그램 운영학교, 환경미래학교, 텃밭교육학교 등을 운영하고 있으며, 환경 교재도 개발하여 보급하고 있다. 그러므로 생태전환교육을 하고자 한다면 시도 교육청 차원에서 생태전환을 위해 어떤 비전을 세우고, 교육의 목표를 달성하고자 노력하고 있는지 살펴보면 교육의 방향성을 설정하는 데 도움이 될 것이다. 더불어 2022 개정 교육과정에 생태전환교육을 어떻게 명시하고 있는지 살펴보고 학교 단위 교육공동체의 기후 위기 대응을 위한 교육 비전을 세운다면, 교과 외의 학생 주도적 자치, 동아리 활동뿐만 아니라 가정, 지역사회와 연계한 활동으로까지 지속가능한 생태전환을 위한 노력이 실질적으로 이루어질 수 있을 것이다.

'어떤 활동을 하는가'보다 우선시되어야 하는 것은 기후 위기에 대한 인식이다. 뉴스를 통해 빙하가 녹아 생명체가 위협받고 있다는 것을 한 번쯤

들어 보았을 것이다. 하지만 기후 위기가 피부에 와닿지 않아 기후 위기 대응을 위하여 적극적으로 행동을 변화시키기가 쉽지 않았다. 지속가능한 사회에서 살아가기 위해 지구와 공존해야 한다는 사실을 잊지 않고 행동해야 한다. 다시 한번 생태전환교육은 생각의 전환과 실천으로 이어질 수 있도록 하는 것이 중요하다는 것을 잊지 말자.

참고 자료

IPCC(기후변화에 관한 정부간 협의회) 제6차 평가보고서(2023. 03.)
국무조정실 국무총리비서실(opm.go.kr)

진로연계교육

 개정의 배경

평생 직업에 대한 개념은 약해지고 새로운 직업이 계속 생겨나며 직업의 세계가 빠르게 변하고 있다. 미래 예측이 쉽지 않은 지금, 진로 교육에 대한 고민은 교육과정 속에 늘어나고 있는 관련 용어로 나타난다. 2009 개정 교육과정부터 시작된 창의적 체험활동 속 진로 활동에서 2016년 전면 시행된 중학교의 자유학기제, 진로 교육을 반영한 성취기준에 이르기까지 교과 및 비교과 활동에서 진로 교육을 쉽게 찾아볼 수 있다. 진로 교육의 위상은 점차 강화되며 학교 교육과정 전반에 중요한 영역으로 자리 잡아 가고 있다.

초등학교의 진로 교육은 자아 개념을 발달시키고, 자신을 소중히 여기며 흥미와 적성을 이해하는 것으로부터 시작한다. 진로 교육을 통해 학생들은 자신에 대한 긍정적인 인식으로 자아 개념을 형성한다. 여기에 다양한 직업의 세계를 탐구하고 사례를 알아보며 일에 대한 개방적인 인식을 가질 수 있도록 한다. 개방적인 인식은 다양한 직업에 대해 객관적인 인식으로 진로를 탐색할 수 있게 한다. 진로 탐색으로 자신의 진로를 설계하고 그에 맞춰 계획하며 바른 학습 태도의 중요성을 이해할 수 있다.

📑 2022 개정 교육과정의 진로연계교육

　2022 개정 교육과정은 진로연계교육을 새롭게 디자인하였다. 진로연계교육은 학생이 상급 학교나 학년으로 진학하기 전에 학교생활 적응과 교과 학습의 연계, 다양한 진로 탐색 활동을 통해 연속적인 학습과 성장이 이루어지도록 지원하는 교육을 말한다. 새로운 교육과정의 총론은, 교육과정 편성·운영의 기준 중 기본 사항에 진로연계교육에 대해 다음과 같이 기술하고 있다.

＊ 총론에 나타난 진로연계교육 ＊

> 4) 학교는 입학 초기 및 상급 학교(학년)로 진학하기 전 학기의 일부 시간을 활용하여 학교급 간 연계 및 진로 교육을 강화하는 진로연계교육을 편성·운영한다.
>
> 　가) 학교는 1학년 학생의 학교생활 적응 및 한글 해득 교육 등의 입학 초기 적응 프로그램을 교과와 창의적 체험활동 시간을 활용하여 진로연계교육으로 운영한다.
>
> 　나) 학교는 중학교의 생활 및 학습 준비, 진로 탐색 등의 프로그램을 교과와 창의적 체험활동 시간을 활용하여 진로연계교육을 자율적으로 운영한다.
>
> 　다) 학교는 진로연계교육의 중점을 학생의 역량 함양 및 자기주도적 학습 능력 향상에 두고, 교과별 학습 내용 및 학습 방법의 학교급 간 연계, 교과와 연계한 진로 활동 등을 통해 학생의 학습과 성장을 지원한다.

　교육과정 편성 운영·기준의 한 부분을 진로연계교육이 차지함으로써 학교 교육과정 편성 시 실질적인 운영과 적용 방안을 고려해야 한다. 진로연계교육은 크게 1학년과 6학년을 중심으로 운영되는데, 1학년은 이제 갓 초등학교에 입학한 학생으로 초등학교 적응 및 한글 해득 능력의 향상을 목표로 한다. 6학년은 중학교 진학에 앞서 중학교 생활에 대한 이해와 적응을 중심으로 운영해야 한다. 이와 함께 학년 간 진급 상황에서 적응력을 높이기 위한 교육과정과 연계한 진로 교육도 필요하다.

☑ 학년별 진로연계교육

2022 개정 교육과정 총론의 진로연계교육은 신입생인 1학년과 중학교 진학 예정의 6학년이 중심이며 그 이외의 학년에서도 필요함을 설명하고 있다. 학년별 진로연계교육의 주요 사항에 대해 살펴보자.

우선 1학년의 경우 입학 초기 적응 프로그램으로 유치원에서 갓 입학한 신입생들이 학교생활에 적응하고, 한글 해득을 위한 프로그램을 구성할 수 있도록 한다. 학교 현장에서 '병설 유치원'을 다닌 1학년 학생들이 초등학교 적응력이 높다는 것은 익히 알려진 사실이다. 같은 학교 공간에서 유치원을 다니며 쌓인 적응력이 1학년 생활에 그대로 반영된다. 학교가 처음인 신입생들을 위해서는 학교생활 적응을 위한 더 많은 시간이 필요할 것이다. 더불어 교육과정 운영 전반에서 가장 중요한 한글 해득을 위한 시간 역시 필요하다. 입학 초기 적응 프로그램과 한글 해득을 위한 노력은 신입생들의 적응을 위해 매우 중요한 시간이므로 알찬 프로그램의 구성이 필요하다.

중학교 입학을 앞둔 6학년을 대상으로 하는 진로연계교육은 어떠할까? 초등학교에서는 최상위 학년이지만 중학교에서는 다시 신입생이 된다. 유치원과 초등학교가 다르듯, 초등학교에서 중학교로의 진학 또한 갑작스러운 변화를 맞이한다. 그러므로 초등학교와는 다른 새로운 생활에 대해 알아보고 준비하는 시간이 필요하다. 이렇듯 진로연계교육의 적절한 운영으로 학생들의 불안감 해소와 적응력 향상을 기대할 수 있다.

　진로연계교육은 1학년과 6학년의 학년 특수성을 고려하여 안내하고 있지만 진급하는 모든 학년에서도 운영이 필요하다. 초등학교는 학년군별로도 다른 특징을 보이므로, 다음 학년(군)에서의 생활 적응, 학습 준비 과정에서 심리적, 학습적 불안정을 보일 수 있다. 학년 진급 상황에서 학습 내용과 학습 방법의 변화로 인해 학생들이 어려움을 겪을 수 있다. 이를 최소화하기 위해 학습자의 역량 함량과 자기주도적 학습 능력 향상에 초점을 맞추어 진로연계교육을 실시할 수 있다. 다음 학년에 대한 심리적인 안정과 학습이 자연스럽게 이어질 수 있도록 학습자의 학습과 성장을 위한 도움이 필요한 것이다.

☑ 각 교과와 연계한 진로연계교육

＊ 2022 개정 교육과정 각론 중 진로연계교육 관련 발췌 ＊

5·6학년군 국어(쓰기) 성취기준 적용 시 고려 사항	5·6학년군 국어(문학) 성취기준 적용 시 고려 사항
진로연계교육과 관련하여 자신의 흥미나 관심사가 무엇인지 생각해 보고, 관련된 직업에 대해 다양한 매체를 활용하여 글을 쓸 수 있도록 지도한다.	진로연계교육과 관련하여 학습자가 자신의 흥미나 관심사가 무엇인지 생각해 보고, 관심사와 연관된 작품을 찾아 읽으며 자신의 미래에 대해 지속적으로 관심을 가지고 탐색할 수 있도록 지도한다.
수학과 교수·학습의 방향	**과학과 교수·학습의 방법**
(자) 학교급 전환에 따라 변화되는 수학 내용과 수업 방법을 파악하여 교수·학습에 적용하고, 진로연계교육에서 이를 고려한다.	학교급 전환에 따른 학교급 간 교육 내용 연계 및 진로연계교육을 고려하여 지도 계획을 수립한다.

진로와 관련된 성취기준은 과목별로 다양한 영역에서 연계되어 운영할 수 있도록 다양하게 제시되었다. 교과와 연계한 진로 교육에 대한 포괄적인 경험은 점차 일반화되어 성취기준 곳곳에서 진로 교육을 찾아볼 수 있다. 다양한 학년에서 교과와 진로 교육을 연계하여 실시할 수 있도록 성취기준 속에 진로 교육을 담고 있다.

성취기준 속에 진로연계교육이 직접적으로 표현되어 있지 않더라도, 성취기준 적용 시 고려사항이나 교수·학습의 방향에서 진로연계교육에 대한 안내를 하고 있다. 국어과를 비롯하여 수학과, 과학과, 음악과, 미술과 등 다양한 교과에서 제시되어 있다. 총론에서 각 교과에서 진로연계교육을 담도록 하였을 것으로 추정되나, 기술되어 있지 않은 교과도 있다. 그러나 진로연계교육의 적용 범위는 전 교과에 걸쳐 이루어지므로 큰 의미는 없을 것이다. 진로연계교육은 프로젝트 수업 형식으로 주제에 맞게 다양한 교과를 연계하여 통합적으로 운영되어야 하기 때문이다.

☑ 1학년 진로연계교육 톺아보기

1학년은 진로연계교육 중 하나로 입학 초기 적응 교육의 개선에 중점을 두고 있다. 교육과정 개정으로 인해 달라진 입학 초기 적응 교육을 중심으로 살펴보자.

구분	2015 개정 교육과정 1학년	2022 개정 교육과정 1학년
교과 및 내용	**3월 입학 초기 적응 활동** [창의적 체험활동] – 학교생활 적응 활동 – 기초 학습 태도 형성 – 입학 초기 학습 격차 해소	**3월 입학 초기 적응 활동** (통합교과)'학교' + (창의적 체험활동) – 통합교과와 창의적 체험활동 연계 – 학교생활 적응 활동 – 기초 학습 태도 형성 [국어과] – 입학 초기 학습 격차 해소를 위한 기초 문해력 교육(한글 해득 등)
시수 편성	**창의적 체험활동(68시간)** – 다른 학년군에 비해 68시간을 추가로 제시하여, 입학 초기 적응 교육을 편성·운영함	**창의적 체험활동(34시간) + 국어과(34시간)** – 창의적 체험활동 34시간 감축 – 1학년 국어과 시수를 34시간 증배 – 국어과 시수 증배는 기초 문해력 교육활동의 편성·운영으로 한글 해득 교육 실시

2015 개정 교육과정에서는 입학 초기 적응 교육이 창의적 체험활동에 배정되어 시수가 다른 학년군에 비해 68시간이 많다. 배정된 68시간의 시수는 학교생활 적응, 기초 학습 태도 형성, 입학 초기 학습 격차 해소를 위해 일반적으로 입학 초기, 3월에 집중 운영되어 왔다. 이에 반해 2022 개정 교육과정은 창의적 체험활동을 34시간 감축하고 감축된 시간만큼 1학년 국어과 시수를 증배하여 국어과 '기초 문해력 교육'을 강화한다.

입학 초기 적응 교육의 전체 시수에는 변화가 없으나 창의적 체험활동이 34시간 줄어들고 국어과를 34시간 증배하여 한글의 기초 문해력 강화와 맞춤형 교육, 놀이 연계 한글 익힘 학습을 운영하도록 하였다. 입학 초기 학생들의 학습 격차는 기초 문해력(한글 해득 포함) 교육에서 대부분 발생한다는 점에서 기초 문해력 강화를 위해 국어과 시수 증배로 그 중요성을 드러내고 있다.

입학초기에 1학년이 학교생활에 적응하고 기초학습에 대한 토대를 마련하도록 다음과 같이 진로연계교육을 운영할 수 있다. 아래의 프로그램은 안정적인 학교 적응·기초 문해력 향상·긍정적인 자아 형성 및 온전한 성장을 위해 관련 교과와 창의적 체험활동을 연계하여 구성한 것이다. 이 프로그램은 새로운 학교에 온 학생들이 자신이 소중한 존재임을 깨닫고, 나의 장점을 찾는 활동으로 시작한다. 학교 안팎에서 만나는 고마운 분들에게 감사 인사하기 활동과 국어과와 연계하여 한글 자음을 살펴보고 낱말 그림책 만들기 활동을 한다. 이후 최선을 다하는 학교생활을 위해 최선을 다한 사람을 알아보고 올바른 습관 형성의 필요성을 학습한다.

* 1학년 입학 초기 진로연계교육 운영 프로그램 예시 *

차시	활동명	주요 내용	비고
1~2	학교에 간 나	• 새롭게 만나는 나 　– 학교에 온 나의 기분은 어떤지 표정 그리기 　– 학교에서 나를 행복하게 하는 것들 찾아보기 • 그래도 난 내가 좋아 　– 나의 좋은 점 등을 떠올리며 나의 마스크 그리기	창체
3~8	학교에서 만난 우리	• 안녕! 반가워 　– 내가 잘하는 것 말하기와 퀴즈 풀기 • 감사해요!: 학교 안과 밖 　– 학교 안과 밖에서 만나는 고마운 분 찾고, 감사의 말하기 • 나만의 ㄱㄴㄷ 낱말 그림책 만들기 　– 한글 자음 살펴보고, 나만의 낱말 그림책 만들기	창체 국어 통합
9~10	최선을 다하는 학교생활	• 최선을 다하는 모습이 멋져요! 　– 최선을 다한 사람에게 주는 상장 만들기 • 최선을 다하는 내가 될래요! 　– 최선을 다하기 위해 내가 갖추어야 할 점과 버려야 할 점 알아보기	창체 국어 통합

출처: 서울특별시교육청, 2023 초등 진로교육 지원자료

☑ 6학년 진로연계교육 톺아보기

　초등학교 6년의 생활을 마무리하며, 중학교 진학을 앞둔 초등학교 졸업생은 설렘과 두려움의 감정이 공존한다. 중학교라는 새로운 환경에 적응하기 전 중학교 생활에 대한 상상은 두려움과 걱정을 키우기도 한다. 중학교 생활에 대한 선배의 이야기나 사전 정보를 수집하여 공유한다면 중학교 진학에 필요한 준비를 할 수 있고, 나아가 중학교에도 잘 적응할 수 있

을 것이다. 아래는 2021 초등학교 학년별 교과 연계 진로 교육활동 자료집(경남교육청)의 내용 중 일부를 발췌한 내용을 6학년 진로연계교육에 맞게 일부 내용을 추가하여 수정한 내용이다.

* 진로연계교육 운영 프로그램 예시 *

차시	활동명	주요 내용 및 활동	비고
1~2	나는 어떤 사람일까?	• 나의 강점 찾기 • '내가 아는 나', '가족이 아는 나', '친구가 아는 나'를 마인드맵으로 표현하기	도덕 미술
3	나와 어울리는 직업에는 어떤 것들이 있을까?	• 홀랜드 검사를 통해 나의 진로 유형 알아보기 R: 현실형, I: 탐구형, A: 예술형, S: 사회형 E: 진취형, C: 관습형 • 다양한 진로 검사 및 성격 검사 알아보기 • 진로 유형별 진로 카드로 나에게 어울리는 직업 탐색하기	도덕 실과
4~5	저의 멘토가 되어 주세요.	• 다양한 매체를 통해 나의 멘토 찾기 (유퀴즈, 아무튼 출근, 원격 진로 멘토링 활용) • 멘토의 성공 노하우 정리하기	국어 실과
6~7	꿈길을 찾아서 (중·고·대학교)	• 유형별 학교 알아보기 • 고교 학점제와 자유학기제 알아보기 • 나의 꿈을 이루기 위해 진학해야 할 중학교–고등학교–대학교 조사하기	실과
8	중학교 스크랩북 만들기	• 내가 갈 수 있는 중학교 정보 수집하기 • 중학교 스크랩북 만들기	실과
9~10 (추가)	중학교 선배와의 만남	• 알아 두면 쓸모 있는 신기한 중학 생활 알아보기 : 중학교 생활 관련 질문을 미리 공유하기 • 중학교 선배들과 함께하는 묻고 답하기	창체
11~12	꿈길 그리기 (플랜 A/플랜 B)	• 나의 진로를 구체적으로 설계하기 : 플랜 A/플랜 B • 부모님께 나의 꿈길을 소개하는 편지 쓰기	도덕 국어
13~15	나만의 진로 체험 계획서	• 플랜 A와 플랜 B를 바탕으로 나만의 여름(겨울)방학 진로 체험 계획서 작성하기	도덕 실과

이 프로그램은 진로 교육과 진로연계교육의 성격을 통합한 것으로 나에 대한 이해부터 시작한다. 자신에 대한 이해를 바탕으로 적성에 맞는 직업을 찾고 다양한 경로로 멘토도 선정한다. 이와 관련하여 중학교, 고등학교, 대학교 진학 관련 자료도 찾아보며 미래를 설계한다. 자신의 조금은 먼 미래와 함께 눈앞의 중학교 생활도 알아보는 프로그램을 융합하여 진로에 대한 로드 맵을 그려 보도록 하였다. 이 프로그램을 통해 상급학교 진학에 대한 불안감 해소 및 진로에 관한 고민에 대해 소통하고 이해하는 기회를 가질 수 있다.

진로연계교육 정착을 위해

진로 교육에 대한 다양한 연구는 교육과정 속에 자연스럽게 녹아들었다. 교사들의 진로 교육의 필요성에 대한 인식과 수업에 반영하겠다는 의지가 높아졌다. 또한 다양한 교과 연계 진로 교육 프로그램이 적용된 수업도 확산되었다. 여기에 진로연계교육의 필요성에 대한 연구도 2022 개정 교육과정 속에 자연스럽게 연결되었다.

진로연계교육의 정착을 위해서, 우선 진로연계교육의 필요성에 대한 교육공동체의 이해가 필요하다. 초등학교 1학년, 중학교 입학 또는 신학기 새로운 학년 등 학생들은 매해 설렘과 두려움을 겪는다. 이왕이면 학생들이 두려움보다는 기대와 설렘으로 새 학년을 맞이하게 하는 것은 어떨까?

"아는 만큼 보인다."라는 속담처럼 새로운 학년과 학교에 대한 정보와 지식의 양이 많을수록, 새로운 학년과 학교에 대해 잘 이해하고 학교생활에 더 적극적으로 임할 수 있을 것이다. 진로연계교육에 대한 충분한 이해와 공감으로 학급 교육과정 구성 시 교사의 역량을 발휘해 보자. 기존의 프로그램도 좋고, 색다른 프로그램이나 프로젝트를 개발하여 적용한다면 학생들은 한층 더 성장할 수 있을 것이다.

참고 자료

경상남도교육청(2021), 초등학교 학년별 교과연계 진로교육활동 자료집
서울특별시교육청(2023), 초등 진로교육 지원자료

민주시민교육

개정의 배경

교통 · 통신 기술의 발달은 세계의 장벽을 무너뜨리고 실시간 정보 공유로 이어졌다. 코로나19와 같은 감염병은 더 이상 어느 한 지역의 문제가 아니며, 디지털 매체의 발달은 집단의 의견, 개개인의 의견을 즉각적으로 표현할 수 있게 되었다. 동시에 인간의 갈등은 점점 더 다양해지고 복잡해지며 그러한 갈등 해결을 위한 다양한 노력이 요구되고 있다.

이와 함께, 범지구적인 기후 위기와 SNS, 인공지능의 어두운 면은 어느 한 사람의 노력이 아닌 지구의 모든 사람이 협력해야만 해결할 수 있다. 지구는 이미 하나의 공동체라 해도 무방하다. 지구촌이라는 공동체 속의 시민 모두가 함께 고민하고 사회를 변화시키는 데 민주시민의 역량을 발휘해야 하는 것이다.

뿐만 아니라 최근 우리 사회에서 일어나는 일련의 사건들을 볼 때 민주시민교육의 중요성이 그 어느 때보다 강조되고 있다. 뿌리 깊은 지역 갈등, 젠더 갈등, 빈부 격차와 끝없는 정치적 대립이 만연한 이때, 학생들이 건강한 민주시민으로 성장할 수 있도록 우리는 함께 노력해야 한다.

학교 민주시민교육의 이해

민주시민의 역량을 키우기 위해 2018년부터 교육부가 민주시민교육 관련 정책을 추진하고 각 시도 교육청에서도 민주시민교육 활성화를 위해 노력하고 있다. 우선, 민주시민교육이 어떤 방향으로 진행되고 있는지 알아보자. 아래의 표는 교육부의 전국 시도 교육청 공통 기준을 담은 2023 학교 민주시민교육 기본 계획(경상남도교육청)이다.

민주시민 교육의 기본 개념	학생들이 자신과 공동체 삶의 주인임을 자각하고 민주주의의 이념과 가치, 제도와 절차를 이해하여 이를 자신, 가정, 학교, 사회에 적용하는 교육			
시민적 가치	**존중** 사회 구성원 모두가 공동체 삶의 주인으로서 동등한 권한을 가진 존재임을 인정하는 것	**자율** 사회 구성원이 자신과 공동체 삶의 주인으로서 규칙을 만드는 데 참여하고 이를 지키는 자치와 책임의 원리를 실현하는 것		**연대** 사회 구성원의 삶이 서로 연결되어 있음을 자각하고 공동체의 유지와 발전을 위해 함께 참여·실천하는 것
시민 역량	사회적 공감 역량	민주적 의사결정 역량	사회 참여 역량	비판적 성찰 역량

위 표는 몇 해의 합의 과정을 거쳐 만들어진 학교 민주시민교육의 기본 개념을 정의하고 있다. 학생들의 주인 의식과 민주주의에 대한 이해를 바탕으로 자신의 삶에 적용하는 것이 민주시민교육의 기본 개념이다. 존중, 자율, 연대라는 3가지의 시민적 가치와 사회적 공감 역량, 민주적 의사결정 역량, 사회 참여 역량, 비판적 성찰 역량의 4가지 시민 역량을 제시하였다.

2022 개정 교육과정 속 민주시민교육

☑ 총론에 반영된 민주시민교육

민주시민교육에 대한 필요성은 2022 개정 교육과정의 개정 배경에서도 엿볼 수 있다. 급변하는 사회의 불확실성에 따른 다양한 문제가 예상됨에 따라, 사회적 문제 해결을 위한 공동체 의식의 함양이 필요함을 개정 배경에서 제시하고 있다. 다양한 사회 문제 해결은 혼자서 해결할 수 있는 성격이 아니다. 공동체 의식을 함양하여 함께 문제를 해결하려는 노력이 필요하다.

✳ 총론 개정의 배경에 제시된 민주시민교육 강화 이유 ✳

배경	주요 내용
사회 불확실성 대비	인공지능 기술 발전에 따른 디지털 전환, 감염병 대유행 및 기후·생태 환경 변화, 인구 구조 변화 등
공동체 의식 함양	사회의 복잡성과 다양성 확대, 사회적 문제 해결을 위한 협력의 필요성 증가, 상호 존중과 공동체 의식 함양의 중요성 증대

민주시민교육에 대한 필요성은 총론 곳곳에 반영되어 있다. '추구하는 인간상과 핵심역량'에서부터 등장한다.

공동체 의식을 바탕으로 다양성을 이해하고 서로 존중하며 세계와 소통하는 **민주시민**으로서 배려와 나눔, 협력을 실천하는 더불어 사는 사람

또한 이전 교육과정에 비해, '다양성', '존중', '협력'이라는 키워드가 추가되었다. 이는 우리 사회의 다문화 가정의 확대, 사회 갈등의 증가 등의 사회 문화 현상을 반영한 것으로 민주시민교육 속에서 함께 학습되어야 할 것이다. 끝으로 '협력'이라는 단어는 핵심역량 중 유일하게 변경된 '의사소통 역량(2015) → 협력적 소통 역량(2022)'에도 반영되었다.

☑ 교과 교육과정에 반영된 민주시민교육

이전까지의 민주시민교육은 사회과 등의 일부 교과와 연계되어 분절적으로 이루어지는 경향이 많았다. 그러나 2022 개정 교육과정의 '깊이있는 수업'을 위해 민주시민교육은 교과 및 창의적 체험활동과 연계해야 한다. 교과 재구조화, 새로운 과목 개설, 창의적 체험활동을 통해서 민주시민교육이 교과 속, 삶 속에서 이루어질 수 있도록 구성해야 하는 것이다. 이를 반영한 민주시민교육의 구현 방법은 다양하게 실현될 수 있다.

우선, 2015 개정 교육과정과 마찬가지로 범교과 학습 주제의 하나로 민주시민교육을 제시하고 있다. 또한 교과와 연계하여 민주시민교육을 실시할 수 있도록 각 교과별 교육과정 설계의 개요, 성취기준 적용 시 고려 사항, 교수·학습의 방향과 방법 등에서 찾아볼 수 있다. 교과 내 공동체, 환경, 토론과 토의, 다양한 사회적 문제 등의 학습 주제에서 민주시민교육을 연계하여 학습할 수 있음을 안내하고 있다. 각 교과 속에서 민주시민교육이 어떻게 제시되었는지 일부 교과를 통해 확인해 보자.

- 통합교과

바른 생활 성취기준 적용 시 고려 사항	바른 생활 교수 · 학습 및 평가
[2바02-01] 공동체에 대한 관심을 학교에서 마을로 확대하며 민주시민 교육에 활용할 수 있다. ⋮	(사) 바른 생활과에서는 학습 문제를 공동으로 정하고 해결하는 과정을 통해 더불어 살아가는 민주시민 태도를 기를 수 있다.

　1 · 2학년군 통합교과에는 성취기준 적용 시 고려 사항에 민주시민교육과 관련된 내용이 총 7번 나오며, 교수·학습 및 평가의 단계에서는 민주시민 태도를 기를 수 있도록 하고 있다. 저학년이지만 민주시민교육 적용의 출발선으로 바라보고 있으며 민주시민 의식의 싹을 틔우기 위한 교과 연계 수업을 강조한다. 공동체, 범지구적 문제, 사회적 문제의 해결 과정과 그 과정에서 소통, 협력, 경청 등의 태도를 형성할 수 있도록 하였다.

- 국어과

1. 성격 및 목표	성취기준 적용 시 고려 사항
또한 다양한 국어 활동을 통해 지식과 정보를 교류하며 사회적 관계를 형성하고 문화를 향유하면서 민주시민의 소양을 기른다. ⋮ (3) 민주시민으로서 의사소통에 적극적으로 참여하여 개인과 공동체의 문제를 해결한다.	구어 의사소통 과정에서 상대방이 처한 상황과 입장의 다양성을 인정하고 서로를 배려하는 민주시민의 기초 소양을 함양할 수 있도록 한다. ⋮ 토론하기를 지도할 때는 토론이 문제에 대해 대립되는 입장을 확인함으로써 상호 이해의 계기를 마련하는 민주적인 소통 방법이라는 점을 안내한다.

　국어과에서는 1. 성격 및 목표에서부터 '민주시민의 소양', '민주시민으

로서의 의사소통'을 기술하고 있다. 국어과 학습 과정에서 특히 구어 의사소통, 토론하기 등의 활동에서 민주시민의 기초 소양, 민주적인 소통 방법 등을 고려하도록 하였다. 상대방과의 의사소통 과정에 민주시민의 기초소양을 반영하여 교과를 학습하면서 민주시민교육이 자연스레 이루어지도록 하였다. 핵심역량의 협력적 의사소통에 대한 구체적인 학습이 이루어지고 있다고 봐도 무방하겠다.

- **사회과**

사회과 교육과정 설계의 개요

또한 총론에서 미래 변화에 대응하는 교육 방향으로 강조한 민주시민 및 생태전환교육과 연계하여 사회과의 핵심 아이디어와 내용 요소에 공동체 의식, 평화, 인권, 문화 다양성 등의 민주시민 관련 내용과 기후 위기 대응, 지속가능한 발전, 생태 감수성 등의 생태전환교육 관련 내용을 반영하여 구성하였다.

1. 성격 및 목표	2. 내용 체계 및 성취기준
사회과는 학생들이 사회생활에 필요한 지식과 기능을 익혀 이를 토대로 시·공간 속의 인간과 사회현상을 인식하고, 민주 사회의 구성원에게 요구되는 가치와 태도를 지님으로써 시민으로서의 자질을 갖추도록 하는 교과이다.	[핵심 아이디어] • 민주주의의 이념과 원리를 실현하기 위해서는 제도와 의식의 개선이 필요하다. [지식·이해] • 민주주의의 실천 [과정·기능] • 사회문제 해결에 참여하기 [가치·태도] • 민주적 기본 가치

민주시민교육과 관련된 내용은 교과 중에서 사회과에 압도적으로 많다. 사회과 교육과정 설계의 개요에서부터 민주시민 관련 내용을 반영하여 구성하도록 하고 있으며, 교과의 성격을 민주시민의 자질을 갖추도록 하는 교과로 표현하고 있다.

내용 체계 단계 및 성취기준 단계에서는 핵심아이디어에서부터 지식·이해, 과정·기능, 가치·태도 까지 전 내용요소에서 민주주의와 관련된 전반적인 내용을 학습한다. 그리고 정치 영역과 성취기준 내의 민주주의 등에서 민주시민으로서의 역량을 강조한다.

이 밖에도 도덕과는 민주적 가치·덕목과 규범의 내면화와 민주적 소통을 내용 체계와 학습 방법에서 강조하고 있다. 수학과에서는 학습의 소재로 활용하고, 과학과에서는 개인과 사회의 문제를 과학적이고 창의적인 해결 과정을 통해 민주시민의 역할을 강조하고 있다. 실과, 체육, 미술, 영어과에서도 민주시민교육과의 연계나 학습의 과정 중 민주적 의사결정의 방법을 활용할 수 있도록 언급하고 있다.

창의적 체험활동에서 민주시민교육은 자율·자치활동(자치활동)에서 강조되고 있으나, 동아리 활동(봉사 활동), 진로 활동에서도 이루어질 수 있다. 다모임이나 학급 규칙을 만드는 활동 또는 학급 운영 전반에서 이루어지는 민주적인 의사결정 과정에서 민주시민으로서의 역량을 발휘할 수 있다. 동아리 활동의 봉사 활동에서는 지역사회와 연계한 봉사 활동, 캠페인 활동 등의 전개를 통해 한 명의 민주시민으로서 공동체의 일원이 되는 경험을 할 수 있다. 진로 체험활동의 과정에서도 자치 법정 운영, 시민 단체와 연계한 활동 등에서 민주시민교육을 적용할 수 있다.

민주시민교육을 위한 교육과정 재구성

민주시민교육이 실질적으로 그 효과를 발휘하기 위해서는 교육과정 재구성이 필수적이다. 교과와 창의적 체험활동에 다양하게 등장하는 민주시민교육은 학습 활동의 학습 주제, 학습 소재, 활동 과정에 따라 변화무쌍한 모습으로 등장할 수 있다. 민주주의, 선거, 미디어, 인권, 다양성, 노동, 평화, 연대, 정의, 안전, 헌법 민주시민교육 등을 주제 요소로 수업을 재구성할 수 있다. 교과에 따라서는 성취기준 분석으로 앞의 주제 요소를 연계한 주제 중심의 교육과정 재구성을 할 수도 있다. 재구성 형식으로는 단원 내, 단원 간, 주제 중심, 프로젝트형 재구성 등의 다양한 방법을 활용할 수 있다. 또한 학습 과정에서 민주시민으로서 필요로 하는 자율, 존중, 연대의 시민적 가치를 경험하는 교육과정 편성·운영의 노력도 필요하다.

민주시민교육은 교육과정 속에서 어떻게 재구성할 수 있을지 아래의 사례를 바탕으로 생각해 보자.

차시	활동명	주요 내용 및 활동	역량	비고
1	의견을 조정하며 토의해요	**[6국01-06] 토의에 협력적으로 참여하며 서로의 의견을 비교하고 조정한다.** • 프로젝트 주제 선정하기 • 환경과 관련된 주제 선정(인문환경)	민주적 의사결정 역량	국어
2~3	인권을 존중하는 우리	**[6도03-01] 인권과 관련된 다양한 사례를 살펴보고 인권에 관한 감수성을 길러 이를 실천하려는 의지를 함양한다.** • 인권에 관련된 사례 탐구 • 현장 체험학습 중 인권 침해에 해당하는 인문환경 찾기(장애인 인권 관련 체크리스트 작성)	사회적 공감 역량	도덕
4~5	박물관 견학하기	• 박물관 견학 중 장애인 인권 관련 문제점 체크리스트 작성하기	사회 참여 역량	창체
6	겪은 일이 드러나게 글쓰기	**[6국03-03] 체험한 일에 대한 감상을 나타내는 글을 쓴다.** • 현장 체험학습의 체크리스트와 경험으로 '겪은 일이 드러나게 글쓰기' 활동	비판적 성찰 역량	국어
7~8	생활 속의 디자인	**[6미02-01] 다양한 방법으로 아이디어를 연결하여 확장된 표현 주제로 발전시킬 수 있다.** • 체크리스트에서 불편하게 보였던 문제점을 미술 시간에 다시 디자인해 보는 활동(유니버설 디자인) • 디자인 제안서를 박물관에 전달하기	사회 참여 역량	미술

위 프로젝트는 학생들을 둘러싼 인문환경을 소재로 민주시민교육 주제 요소 중 인권 중심의 학습활동을 진행한 것이다. 국어, 도덕, 미술의 교과 와 창의적 체험활동이 민주시민교육과 연계되어 분절되지 않은 민주시민

교육이 가능하다. 국어과에서는 프로젝트 주제 선정을 위한 민주적 의사 결정 역량을, 도덕과에서는 장애인 인권에 관한 사회적 공감 역량을 향상시킬 수 있다. 학습자의 삶의 맥락에서 장애인 관련 인권 문제점을 찾고 이를 개선하기 위한 성찰의 과정을 통해 비판적 성찰 역량, 사회 참여 역량 등의 민주적 관련 역량을 골고루 향상시키면서 프로젝트 속에서 자연스럽게 민주시민교육이 이루어지도록 구성되었다.

민주시민교육을 한다면

민주시민은 교육을 통해 길러 내어야 할 주요한 인간상의 한 모습이다. 교육과정 총론과 각론에는 민주시민에 대한 수많은 언급이 나올 정도로 중요한 학습 목표, 학습 요소이기도 하다. 가까운 미래에서 먼 미래에 이르기까지 사회를 유지시키고 발전시키는 데 민주시민이라는 키워드는 더욱 중요한 자리를 차지하게 될 것이다.

민주시민을 키우기 위한 민주시민교육은 범교과 학습 주제로 제시된 10가지 주제 중 하나로 그 중요성이 희석되는 느낌이 들지도 모른다. 그러나 분절적이고 일회적인 학습에서 떠나 교과 속에서 민주시민교육이 체계적으로 이루어지도록 2022 개정 교육과정은 일관성 있게 기술되어 있다. 민주시민교육의 필요성을 인식한다면, 민주시민교육은 프로젝트 학습 등의 방법으로 교과와 연계하여 운영되어야 한다. 또한, 잠재적 교육과정처럼 학습 활동 전반에서 자연스럽게 민주시민 역량이 강화될 수 있도록 의식적, 무의식적인 노력이 필요하다.

신체 활동 강화

 개정의 배경

대한민국의 사교육 열풍은 세계적으로 유명하다. 지나친 경쟁 위주의 입시 제도와 그에 따른 사교육 열풍은 학생들의 신체 활동 저하로 이어졌다. 2022년 국민생활체육조사에 따르면, 10대 청소년의 생활 체육 참여(일주일에 1회 이상 30분 이상 운동) 비율은 전년 대비 2.4% 포인트 하락한 52.6%로 나타났다. 모든 연령대에서 가장 낮은 수준으로, 청소년의 절반은 일주일에 30분도 운동하지 않는 것으로 분석된다. 한국 청소년의 운동 부족 실태는 해외 국가들과 비교해도 심각한 수준이다. 세계보건기구(WHO)가 2019년 전 세계 146개국 11~17세 청소년 약 160만 명을 대상으로 조사한 결과, 한국은 청소년 운동 부족 비율이 약 94.2%로 가장 높았다.

입시와 사교육 열풍뿐만 아니라, 스마트폰, 태블릿, 컴퓨터 등 디지털 기기의 보편화에 따라 온라인 게임, 동영상 시청, 소셜 미디어 등의 디지털 미디어 콘텐츠 접근도 쉬워졌다. 이로 인해 학생들은 실내에서 디지털 미디어 콘텐츠와 더 많은 시간을 보낸다.

게다가 코로나19의 유행으로 학교에서는 일상적인 활동과 친구들과의 직접적인 상호작용이 제한되었고, 체육 시간과 놀이 활동 및 신체 활동 시간이 대폭 감소하였다. 코로나19 이전보다 학생들의 사회성이 부족하다는 학교 현장의 목소리도 이러한 상황에서 기인한 영향이라 할 수 있을 것이다.

디지털 기기의 보편화	놀이와 운동을 위한 장소와 환경의 부족	코로나19로 인한 상호작용 제한

학생들의 신체 활동 부족

이렇듯 학생들의 신체 활동은 다양한 원인으로 인해 저하되고 있는 현실이나, 하루가 다르게 성장하는 학생들에게 신체 활동이 신체적 성장과 사회적 발달 등의 측면에서 반드시 필요하다는 것은 당연한 사실이다. 초등학교 저학년 학생들의 신체 활동 및 놀이 활동은 학생들의 성장과 발달에 중요한 영향을 미치기 때문에 신체 활동 촉진을 위한 적절한 대응과 조치가 필수적이다. 특히 초등학교 저학년 시기의 대근육 활동은 신체 성장과 발달에 필수적이므로 2022 개정 교육과정에서는 놀이 활동 및 신체 활동의 기회를 충분히 제공할 수 있도록 하고 있다.

용어의 의미

☑ 신체 활동과 놀이

체육과의 신체 활동은 놀이, 게임, 운동, 스포츠, 표현 등의 맥락에서 계획적, 의도적으로 수행되는 움직임으로, 신체 능력과 건강을 증진하고, 다양한 기술과 전략을 바탕으로 타인 및 환경과 상호작용하는 과정에서 형성된 삶의 양식이다.

즐거운 생활과의 놀이는 학생이 자발적으로 참여하고 몰입함으로써 자유로움과 즐거움을 느낄 수 있는 모든 활동을 의미한다.

☑ 대근육 활동

대근육 활동은 팔, 다리와 같이 큰 근육을 사용하는 활동을 의미한다. 걷기, 달리기, 점프하기, 던지기, 받기 등이 대표적인 대근육 활동이다. 대근육 활동은 신체 성장과 발달에 필수적이다. 대근육 활동을 통해 뼈와 근육이 튼튼해지고, 신체 조절 능력과 균형 감각이 향상된다. 또한 대근육 활동은 신체가 건강하게 성장하고 발달할 수 있도록 도와주고, 정신적 건강이 증진되어 스트레스 해소와 정서 발달에 도움이 된다. 따라서 초등학교 저학년 학생들은 체력과 건강 상태에 맞게 적절한 강도와 시간을 조절하여 대근육 활동을 실시하는 것이 중요하다.

☰ 2015 개정 교육과정 vs
2022 개정 교육과정의 시수 비교

신체 활동과 연관이 깊은 즐거운 생활은 2015 개정 교육과정의 시수 384시간에서 안전한 생활의 시수 16시간을 더하여 총 400시간이 되었다.

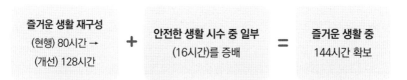

현행 80시간은 2015 개정 교육과정의 즐거운 생활 시수 안에서 학생들이 움직이고 활동할 수 있는 수업이 포함된 시수가 80시간이라는 것을 의미한다. 2022 개정 교육과정에서는 학생들이 신체 활동을 할 수 있는 시간을 128시간으로 늘렸다. 또한 앞서 다루었던 안전한 생활의 시수 중 16시간을 포함하여 총 144시간의 시간을 확보했다. 이 시간 동안 학생들은 실질적으로 움직이고 신체 활동과 놀이를 하며 수업에 참여할 수 있다. 2015 개정 교육과정에서 신체 활동은 즐거운 생활 시수 384시간 중 80시간(약 21%)이었는데, 2022 개정 교육과정에서 신체 활동은 즐거운 생활 시수 400시간 중 144시간으로(36%) 크게 증가하였음을 알 수 있다.

📑 2022 개정 교육과정 총론과 각론에 반영된 신체 활동

☑ 총론에 반영된 신체 활동

현재 사회의 흐름과 요구를 반영하여 2022 개정 교육과정 총론 중 교육과정 편성·운영 기준에는 1~2학년 학생들에게 신체 활동의 기회를 충분히 제공할 것을 명시하고 있다. 내용은 다음과 같다.

> 5) 학교는 학생의 발달 특성을 고려하여 학교 교육과정을 편성·운영한다.
> 　가) 학교는 1~2학년 학생에게 실내·외 놀이 및 신체 활동의 기회를 충분히 제공한다.
> 　나) 1~2학년의 안전교육은 바른 생활·슬기로운 생활·즐거운 생활 교과의 64시간을 포함하여 교과 및 창의적 체험활동을 활용하여 편성·운영한다.

☑ 교과 교육과정에 반영된 신체 활동

즐거운 생활과의 성격을 '놀이 경험 중심 교과'로 재편하였다. 또한 놀이 활동을 즐거운 생활과의 성격과 목표에 반영하였고, 내용 요소의 소근육 사용 놀이 일부분을 대근육 사용을 포함하는 신체 활동 및 놀이로 변경하였다. 2015 개정 교육과정과 2022 개정 교육과정의 성격, 목표, 내용 요소를 비교한 내용은 다음과 같다.

* 즐거운 생활과 비교 *

2015 개정 교육과정		2022 개정 교육과정
일상생활에 필요한 기초적인 표현 능력을 기르고, 아름다움에 대한 경험과 신체 표현 활동을 통해 문화적 소양을 지닌 사람을 기르는 데 초점이 있는 교과이다.	성격	초등학교 통합교과로서 즐거운 생활과는 학생이 놀이를 통해 '지금-여기-우리 삶'의 즐거움을 누리는 '놀이 경험 중심 교과'이다.
건강한 몸과 창의적 표현 능력을 길러 일상생활을 즐겁게 영위하고 문화적 소양을 함양한다.	목표	놀이를 하면서 '지금-여기-우리 삶'을 즐긴다.
친구와의 놀이 가족 역할 놀이 여름철 놀이 직업 놀이 가을 놀이 민속놀이 다른 나라의 놀이 즐기기 겨울철 신체 활동	내용 요소	신체 인식과 감각 놀이하기 안전한 생활 건강한 생활 자연에서 놀이하기

2022 개정 교육과정 중 즐거운 생활과의 성취기준은 즐거운 생활과의 특성이 드러나도록 하면서 내용을 포괄적으로 진술하되 그 수를 축소하여 대강화하였다(2015 개정 교육과정: 32개 → 2022 개정 교육과정: 16개). 즐거운 생활과의 16개의 성취기준 중 5개의 성취기준(약 31%)을 놀이와 신체 활동 관련 성취기준으로 진술하였다. 이를 통해 2022 개정 교육과정에서는 놀이 및 신체 활동과 관련된 내용을 강화하였다는 사실을 알 수 있다.

* 즐거운 생활 중 신체 활동 관련 성취기준 *

[2즐01-01] 즐겁게 놀이하며, 건강하고 안전하게 생활한다.

[2즐01-02] 놀이하며 내 몸의 움직임이나 감각을 느낀다.

[2즐03-01] 하루를 건강하고 활기차게 지낸다.

[2즐04-01] 주변의 물건을 활용하여 놀잇감을 만든다.

[2즐04-02] 자유롭게 상상하며 놀이한다.

2022 개정 교육과정 즐거운 생활과의 교수·학습의 방향 및 방법에서는 교과 속에서 놀이를 어떻게 전개할지 소개하고 있다. 놀이의 범위, 놀이를 통해 기를 수 있는 역량, 놀이 전개 방법, 놀이와 함께 연계하여 지도해야 할 것 등을 제시하고 있다. 그중 일부를 소개한다.

(1) 교수·학습의 방향

　(나) 즐거운 생활과의 놀이는 학생이 일상생활 속에서 경험할 수 있는 구체적인 놀이뿐만 아니라 학생이 관심과 흥미를 갖고 스스로 몰입하여 즐길 수 있는 모든 경험을 포괄한다. 따라서 **즐거운 생활과의 교수·학습은 학생이 놀이 자체를 즐기고 놀이 과정에서 다양한 정서와 감정을 발산할 수 있도록 한다.**

　(다) **즐거운 생활과의 교수·학습은 다양한 놀이를 즐기는 경험을 대상으로 한다.** 학생이 일상생활에서 이미 접한 놀이나 새롭게 고안한 놀이와 함께 학생의 희망에 따라 교사가 적절한 놀이를 제안하거나 안내해 줄 수도 있다.

특히 이 과정에서 학생들이 마음껏 움직일 수 있는 실내·외 공간에서 신체 활동을 충분히 경험할 수 있도록 돕는다.

(2) 교수·학습 방법

(나) (차시 개발) 즐거운 생활과의 교수·학습은 주제와 관련하여 즐길 수 있는 놀이 활동을 구상하는 일이다. 다양한 소리와 관련된 청각 놀이, 이미지와 관련된 시각 놀이, 움직임과 관련된 신체 놀이 활동으로 구성할 수 있다. 또한 교사는 학생이 이를 조화롭고 균형 있게 경험할 수 있도록 돕는다.

(라) (교수·학습 방법) **즐거운 생활과는 참여 구성원, 유형, 도구 등을 달리하여 다양한 교수·학습을 전개할 수 있다.**

교실에서 정한 통합 주제에 맞는 신체 놀이, 감각 놀이, 리듬 놀이, 표현 놀이 등 다양한 놀이 유형을 적용한다. 특히 신체 놀이와 관련해서 학생들이 활발하게 활동할 수 있는 기본 움직임에 중점을 두고 다른 유형의 놀이에서도 움직임과 다양한 표현 활동이 통합적으로 이루어지도록 한다.

📑 수업 활용 방안

교육과정과 연계한 신체 활동 중심의 다양한 놀이는 저학년 학생들의 대근육 발달 및 성장에 도움이 될 것이다. 몇 가지 예시를 소개하자면 다음과 같다.

활동 장소	체육관	준비물	풍선(1인 1개)
연계 성취기준	[2즐01-01] 놀이하며 내 몸의 움직임이나 감각을 느낀다.		

활동 설명 및 주의 사항

• 체공 시간이 긴 풍선을 이용하여 손과 머리 등 다양한 신체 부위를 활용하여 공중으로 쳐 보는 활동으로 구성하였다.
• 풍선을 치는 활동을 통하여 대근육 발달 및 신체 협응력과 집중력을 기를 수 있을 것이다.
• 충분한 공간을 확보하여 풍선을 치며 돌아다니는 동안 생길 수 있는 충돌의 위험을 방지한다.

① 풍선을 한 손으로 잡는다.	② 교사가 불러 주는 신호에 맞추어 풍선을 친다.	③ 친구와 함께 신호를 주고 받으며 풍선을 친다.
④ 3~4명씩 한 모둠을 이루어 선다.	⑤ 교사의 신호에 맞추어 풍선을 치고, 다음 친구가 이어 받아 풍선을 친다.	⑥ 어떤 모둠이 가장 빠르게 성공하는지 경쟁하는 게임을 해 본다.

활동 장소	체육관	준비물	펀스틱, 훌라후프
연계 성취기준	[2즐01-02] 즐겁게 놀이하며, 건강하고 안전하게 생활한다.		

활동 설명 및 주의 사항

• 술래잡기 활동을 통해 자유롭게 걷거나 달리며 대근육을 기를 수 있다.
• 학생의 희망에 따라 규칙을 다양하게 변형할 수 있도록 허용적인 분위기를 만들어 준다.
• 친구들의 움직임에 유의하며 놀이 도중 친구와 충돌하지 않도록 조심한다.

① 술래를 2명 정한다.	② 시작 신호에 맞춰 술래는 친구들을 잡으러 뛰어간다.	③ 술래는 훌라후프 안에 들어가 있는 친구를 잡을 수 없다(안전지대).
④ 술래는 안전지대 앞을 지키고 있지 않도록 하고, 안전지대 안에는 10초 이상 들어가지 않도록 한다.	⑤ 펀스틱을 들고 있는 술래에게 잡히면 아웃이다.	⑥ 잡힌 친구는 펀스틱을 받고 새로운 술래가 된다.

📑 적용 유의점

 단순히 신체 활동과 놀이로 끝나는 것이 아니라, 신체 활동과 놀이를 몸소 체험하는 경험을 통해 학생들의 감정, 생각, 느낌을 풍부하게 해 주어야 한다. 이 과정 속에서 학생들이 즐거운 생활과에서 추구하는 핵심 아이디어 및 내용 요소를 이해하고, 성취기준 등에 도달할 수 있도록 수업하는 것이 중요하겠다.

 신체를 마음껏 움직이고 대근육 발달을 촉진할 수 있도록 넓은 공간을 활용한 다양한 놀이를 중심으로 주제 통합 수업을 구성하고 적용한다면, 성취기준을 보다 효과적으로 달성할 수 있을 것이다. 그리고 신체 놀이뿐만 아니라 시각 놀이, 청각 놀이 등 다양한 감각을 활용한 놀이 경험을 제공하여 학생들이 감정, 생각, 느낌을 보다 풍부하게 표현하도록 도와주어야 한다.

 유·초 전환기 학생들은 다양한 놀이 활동을 통하여 학생 주도적인 배움을 얻을 수 있고 즐거움과 성취감, 자신감을 기를 수 있다. 유·초 교육과정 연계 측면에서 보았을 때, 학생들의 특성을 고려하여 다양한 놀이 활동을 교육과정에 더욱 활발하게 적용할 필요가 있다.

 놀이는 아이들이 즐겁게 참여할 수 있는 활동이다. 놀이를 통해 아이들은 신체를 움직이고, 상상력을 발휘하고, 협동심을 기르며, 다양한 경험을 할 수 있다. 따라서 초등학교 저학년 놀이는 수업을 넘어 일상과 학교생활의 일부가 될 수 있도록, 환경·교구 등 제반 여건을 갖추기 위해 노력해야 한다.

참고 자료

교육과정평가원(2019), 저학년 신체활동 40가지 레시피
교육부(2021), 2022 개정 교육과정 총론 주요사항

신체 활동 강화

안전한 생활

개정의 배경

2014년 세월호 사건을 계기로 학교 현장의 안전교육을 강화하자는 목소리가 더욱 높아지면서 2015 개정 교육과정부터 초등학교 1~2학년을 대상으로 '안전한 생활' 교과서가 보급되었다. '안전한 생활'은 생활안전, 교통안전, 신변안전, 재난안전 등 크게 4가지 단원으로 구성되어 학교나 가정, 사회에서 발생하는 각종 사고나 재난에 대한 대처법을 활동 중심으로 안내하였다. 기존 '바른생활', '슬기로운 생활', '즐거운 생활' 교과 등을 통해서도 안전에 관한 교육이 실시되어 왔지만, '안전한 생활'을 별도로 신설해 4대 안전 영역별 교육과정을 체계화하고 내용도 강화하였다. 뿐만 아니라 각종 사고 예방이나 천재지변 이상의 '신변안전' 교육도 이루어져 유괴·미아 위기 시 대처법, 학교 폭력이나 집단 따돌림에 대한 교육, 성폭력이나 가정 폭력 발생 시 도움 요청법 등 다양하게 안전교육을 강화하였다. 하지만 '안전한 생활'은 교과 내용이나 창의적 체험활동과 중복되는 내용이 많아 독립된 시수 운영에 대한 효과성에 의문이 생기기 시작하였으며 2022년 이태원 사건을 계기로 다중 밀집 상황에서의 교육을 포함한 체험·실습형 안전교육을 강화할 수 있도록 하는 등 안전교육은 새로운 국면을 맞이하게 되었다.

2015 개정 교육과정 vs 2022 개정 교육과정의 안전한 생활

☑ 안전한 생활 시간 배당의 변화

1~2학년의 경우, 2022 개정 교육과정 창의적 체험활동(안전한 생활, 입학 초기 적응활동 일부 내용)을 국어, 통합교과에 재구조화하였다. 한글교육 강화를 위해 국어를 34시간 증배하였고, 창의적 체험활동 안전한 생활 64시간을 감축한 만큼 1~2학년 통합교과에 교과 활동 시수를 증배하여 내용을 흡수·통합하였다. 즉, 2015 개정 교육과정 창의적 체험활동 336시간 중에서 34시간은 2022 개정 교육과정의 한글 교육 강화를 위해 국어를 34시간 증배, 안전한 생활 64시간은 2022 개정 교육과정의 바른생활 16시간, 슬기로운 생활 32시간, 즐거운 생활 16시간으로 증배하였다.

* 안전한 생활 시수가 통합교과로 이동 *

1~2학년		2015 개정 교육과정	2022 개정 교육과정
교과 (군)	국어	448	482(+34)
	수학	256	256
	바른 생활	128	144(+16 안전한 생활에서 이동)
	슬기로운 생활	192	224(+32 안전한 생활에서 이동)
	즐거운 생활	384	400(+16 안전한 생활에서 이동)
	소계	1,408	1,506
창의적 체험활동		336(안전한 생활 64 포함)	238
총 수업 시간 수		1,744	1,744

안전한 생활

☑ 안전한 생활 성취기준의 변화

2015 개정 교육과정에서 바른생활 17개, 슬기로운 생활 32개, 즐거운 생활 32개였던 성취기준 수가 2022 개정 교육과정에서는 각각 16개로 정리되었다. 2015 개정 교육과정 안전한 생활이 2022 개정 교육과정에서 실생활 중심의 안전교육으로 개선되면서 '안전한 생활'은 성취기준과 내용 요소를 초등 통합교과와 연계하여 습관화할 수 있도록 개선하고, 3~6학년 과학, 실과, 체육, 음악, 미술 등 관련 교과의 내용 요소, 성취기준 등에 구체적인 안전교육 내용을 반영하는 체계적인 안전교육으로 개선되었다.

2015 개정 교육과정 '안전한 생활'의 생활안전 9개, 교통안전 6개, 신변안전 6개, 재난안전 4개, 총 4개 영역 25개 성취기준은 2022 개정 교육과정에서 통합교과 '우리는 누구로 살아갈까'와 '우리는 지금 어떻게 살아갈까' 영역에 반영되어 총 4개로 축소되어 통합교과에 흡수된 것을 볼 수 있다.

＊ 통합교과에서 안전한 생활 관련 성취기준의 변화 ＊

2015 개정 교육과정	2022 개정 교육과정
안전한 생활 **생활 안전** **1.1 학교에서의 안전 생활** [01-01] 교실과 특별실에서 활동할 때 질서를 지켜 안전하게 생활한다. [01-02] 학용품의 위험 요인을 알고 안전하게 사용한다. [01-03] 운동장이나 놀이터에서의 위험 요인을 알고 안전하게 놀이한다.	**(1) 우리는 누구로 살아갈까** [2바01-01] 학교생활 습관과 학습 습관을 형성하여 안전하고 건강하게 생활한다. [2슬01-01] 학교 안팎의 모습과 생활을 탐색하며 안전한 학교생활을 한다. [2즐01-01] 즐겁게 놀이하며, 건강하고 안전하게 생활한다. **(3) 우리는 지금 어떻게 살아갈까** [2즐03-04] 안전과 안녕을 위한 아동의 권리가 있음을 알고 누린다.

교과서 단원	안전 요소					
	생활안전	교통안전	신변안전	재난안전	약물 및 사이버 과의존 안전	응급처치 안전
1-1 학교	안전하게 사용해요 안전하게 놀아요	안전을 확인해요 안전하게 건너요				
1-1 사람들	기침을 할 때는 함께 이용할 때는		이런 사람을 만난다면	불이 났을 때는		
1-1 우리나라	물놀이를 할 때 체험학습을 할 때	기차를 탈 때				
1-1 우주	앗, 조심해요				올바르게 사용해요 약 안전하게 먹어요	위급해요
2-1 나	깨끗한 물 건강한 나 바르게 알고 먹어요		내 몸을 스스로 지켜요 과연 장난일까?			
2-1 자연	캠핑장에서 안전하게 야외에서 안전하게		반려동물과 안전하게	미세먼지에서 안전하게		
2-1 마을	마을 시설을 안전하게	탈 것을 안전하게 자동차를 안전하게		태풍이 오고 있어요 감염병은 예방이 최고		
2-1 세계	식중독을 예방해요	안전하게 이동해요	길을 잃었을 때	태풍이 오고 있어요 감염병은 예방이 최고		
1-2 하루	집에서도 조심히 구급상자야, 고마워	신호등이 없을 때는		세상이 흔들흔들		
1-2 약속	나의 건강을 지켜요	킥보드를 탈 때는	나의 몸과 마음을 지켜요			
1-2 상상	다 했어요		말로 상처를 주지 않아요		적당히 조금만	
1-2 이야기	도서관에 왔어요 무대에 올랐어요			영화관에 왔어요 사람들이 많은 곳에 왔어요		
2-2 계절	여름을 안전하게 겨울을 안전하게					
2-2 인물	등산을 할 때는				약을 보관할 때는	
2-2 물건	안전하게 공부해요 전기를 안전하게 실내에서 안전하게			화재는 예방이 최고		
2-2 기억	특별실에서 안전하게 추운 날도 안전하게				게임 중독을 예방해요	생명을 지켜요

📝 수업 활용 방안

☑ 통합교과 교과서를 활용한 안전 교육

2022 개정 교육과정 통합교과 교과서의 가장 큰 특징은 주제별, 플랫폼형, 모듈형으로 구성되어 있으며, 그 특징은 다음과 같다.

* 통합교과 교과서의 유형 및 특징 *

주제별 교과서	플랫폼형 교과서	모듈형 교과서
• 하나의 주제를 중심으로 바·슬·즐 세 개 교과의 성취기준을 통합하여 지도(국어, 수학 연계 가능) • '주제'는 국가 교육과정에서 제시하는 것이 아니라 수업하는 현장에서 더 적절한 '주제'로 교과서 '주제' 대체 가능	• 교사와 학생이 교과서의 배움 지도를 보고 수업을 만들거나 재구성할 수 있는 구조 • 교사는 성취기준을 중심으로 학생은 자신의 생활을 기준으로 서로 협력하여 수업 내용을 선정	• 만들어 가는 교과서를 지원하기 위해 단원 내 수업들을 묶음으로 제시하고 각 묶음으로부터 수업을 선정해서 조립하면 단원을 완성 '주제 수업 묶음'뿐만 아니라 안전이나 놀이 관련 수업을 '놀이 수업 묶음', '안전 수업 묶음'으로 구성

안전 수업 묶음은 주제 수업을 하다가 필요한 안전 수업을 할 수 있도록 단원별 4개 수업이 개발되어 있다. 학생들에게 꼭 필요한 안전교육 요소를 주제와 관련지어 할 수 있는 활동으로 구성되어 있다. 7대 안전 영역 중 직업 안전을 제외한 6가지 영역을 기준으로 안전교육 요소를 개발하여 단원별로 배치하였다.

2022 개정 교육과정 통합교과 교과서는 교사와 학생에게 선택권을 부여하기 위해 실제 수업해야 하는 양보다 많은 양을 제시해 놓았다. 단원 내용을 학생들과 함께 재구조화하지 않고 순서대로 수업을 한다면 수업양이 많다고 느껴질 것이며, 수업 시간도 부족해 마지막에 배치되어 있는 '안전' 내용은 수업을 하지도 못할 것이다. 그렇기 때문에 통합교과에 있어서는 반드시 수업 첫 시간에 교사와 학생이 무엇을 어떻게 수업할 것인지 재구조화하는 단계가 있어야 할 것이다.

☑ 프로젝트형 안전교육

학교에서 단발적으로 실시되는 교육의 반복은 행동의 변화를 가져오기 어렵다. 따라서 계기 교육의 형식을 채택하기보다는 교육과정 속에 안전 지식(인지), 안전에 대한 정서·태도(정의), 안전의 실천(심동)적 영역을 필수적으로 포함시켜 통합적이며 체계적으로 교육하는 것이 안전교육의 실효성을 높일 수 있다고 한다. 그러나 학교 현장에서의 안전교육은 통합적·계획적으로 이루어지기보다 교사의 재량에 의해서 선택적이고 즉흥적으로 이루어지는 있는 경우가 많다. 또한 체계적인 안전교육을 위해 도입된 '안전한 생활' 교과서도 7대 안전 영역 이론체계 중심으로 교과서 단원이 조직되어 있고 표준화된 지식 중심의 내용 전개로 인해 아동이 생활하는 교실, 학교, 놀이터 등의 생활 경험과 지역적·환경적 특성을 반영한 실천 중심의 실효성 있는 안전교육에 제한적이라는 한계점이 노출되었다.

이러한 문제점들을 극복하기 위해 안전교육의 인지, 정서, 심동적 영역을 주제중심, 생활 경험 중심으로 통합적이고 체계적으로 재구성하여 전개되는 프로젝트형 안전교육이 필요하다. 체계적인 수업을 통한 안전교육은 학생들의 안전사고에 대한 인식과 태도 및 안전 행동에 대한 의도를 높이는 것으로 나타났다. 뿐만 아니라 체계적인 수업으로 안전교육이 제공되는 경우 안전 실천 정도가 높고, 안전교육을 잘 실천할수록 안전사고 발생률이 낮다고 보고되고 있다. 또한, 체계적인 프로젝트형 안전교육은 체험형 안전교육 시설이 부족한 중소 도시의 교육 환경이 지닌 한계점을 극복하고 안전교육의 실효성을 높이는 하나의 대안이 될 수 있을 것이다.

* 프로젝트형 안전교육 예 *

생활 경험 및 계절적 특징을 고려하여 주제를 선정하고 인지·정의·심동의 통합적인 관점에 따라 계획된 안전교육 프로젝트를 뜻하며, 프로젝트 구성의 개관은 아래와 같다.

사례 기반 SOS 프로젝트 구성의 개관

	봄		여름	가을	겨울
주제	주제 I	주제 II	주제 III	주제 IV	주제 V
	안전한 습관이 최고야!	맑아도 맑은 게 아니야!	안전한 여름을 부탁해!	신경질? 신경질! 가을 나들이	안전한 겨울나기
소주제	안전한 학교생활 안전한 운동장 안전한 등굣길	미세먼지와 황사가 심한 날 계절에 어울리는 옷차림	폭염에서 건강 지키기 홍수와 태풍을 조심해 안전한 물놀이	유괴와 미아 예방 공공장소에서 규칙과 질서 지키기	눈이 많이 오고 추운 날 화재로부터 안전한 우리 집
교육부 7대 안전 영역	생활안전 교통안전	생활안전 재난안전	생활안전 신변안전	생활안전 신변안전	재난안전 생활안전

S 이해 판단형 활동 [인지]	· 교실에서 다친 경험 나누기 · 놀이터에서 지켜야 할 안전 수칙 알아보기 · 교통사고가 발생하는 이유 알기 · 등굣길에서 위험한 곳 찾아 표시하기	· 미세먼지와 황사의 의미와 위험성 알기 · 봄 날씨의 특징 알기 · 봄 날씨에 적합한 옷차림 알기	· 폭염이 우리에게 주는 피해 알기 · 폭염 시 올바른 행동 방법 알기 · 태풍이 부는 날 행동 방법 알기 · 물놀이에서 일어날 수 있는 안전사고 알기	· 조심해야 할 사람이 누구인지 알아보기 · 길을 잃어버리기 쉬운 장소 알아보기 · 사람들이 많이 모이는 곳에서 필요한 규칙과 질서 알기	· 눈이 많이 오고 추운 날의 특징 알기 · 불이 나는 이유와 예방 방법 알기
O 토의·토론형 활동 [정의]	· 학교에서 위험한 곳 조사하고 토의하기 · 우리 학교 놀이터에서 필요한 안전 수칙 만들기 · 길을 안전하게 건너는 방법 토의하기	· 미세먼지와 황사로부터 우리 몸을 지키는 방법을 토의하기 · 봄 날씨에 적합한 옷차림에 대해 이야기하기	· 폭염으로부터 안전하게 여행을 다녀올 수 있는 방법 토의하기 · 태풍으로부터 우리 몸을 지키는 방법 토의하기 · 물놀이 안전사고 예방 수칙 만들기	· 낯선 사람이 접근할 때의 행동 방법 토의하기 · 길을 잃었을 때의 행동 방법 토의하기 · 사람들이 많이 모이는 곳에서 필요한 규칙과 질서 토의하기	· 눈이 많이 오고 추운 날의 행동 방법 토의하기 · 불이 났을 때의 올바른 행동 방법 토의하기
S 체험 실습형 활동 [심동]	· 교실과 학교에서 안전한 생활을 실천하고 기록하기 · 놀이터에서 지켜야 할 안전 규칙 지키기 · 한 주간 등굣길에서 안전한 행동을 실천하기	· 한 주간 동안 미세먼지와 황사로부터 우리 몸 지키기(실천 기록 체크리스트) · 봄맞이 패션쇼 개최하기	· 폭염으로부터 우리 몸을 지키기 위한 역할놀이를 하기 · 태풍이 올 때 안전한 행동 방법을 부모님께 설명하고 필요한 물품 준비하기 · 역할놀이를 통해 물놀이 안전사고 수칙을 몸으로 익히기	· 역할놀이를 하며 낯선 사람으로부터 우리 몸을 지키는 행동 방법 익히기 · 길을 잃었을 때의 행동 방법 익히기 · 사람들이 많이 모이는 곳에서 필요한 규칙과 질서를 지키고 실천 소감문 쓰기	· 눈이 많이 오고 추운 날의 안전한 행동을 정지 화면으로 익히기 · 불이 난 상황에 맞게 역할놀이를 하며 익히기 · 우리 집 화재 대피도 그리기

· 계절적 특성과 아이들의 경험적 생활 환경을 반영한 주제 중심의 재구성
· 토의·토론, 역할놀이, 조사 학습, 비주얼싱킹 등 다양한 수업 기법을 적용한 프로젝트 수업 운영
· 창의적 체험활동 중 안전한 생활 34차시 및 통합교과 연계 24차시를 추가 확보하여 프로젝트 재구성
· 2학년 발달 단계에 적합한 토의·토론 활동(짝 또는 모둠에서 서로의 생각을 이야기하며 문제를 해결하는 방법) 적용

참고 자료

2022 개정 교육과정 통합교과 2-2 교사용 지도서
김현우(2019). 사례 기반 S.O.S 프로젝트를 통한 실천적 안전 역량 함양

범교과 학습

📑 개정의 배경

범교과 학습 주제는 국가·사회적으로 요구되는 학습 내용이자, 여러 교과의 경계를 가로지르는 종합적이고 통합적인 학습 주제이다. 우리나라에서는 이를 국가 수준의 교육과정에 포함하여 교과와 창의적 체험활동 등 학교 교육활동 전반에 걸쳐 다루도록 하고 있다.

하지만 범교과 학습이 도입되었을 때의 취지와는 다르게 범교과 학습 시수를 외부에서 쏟아지는 법정 의무교육에 활용하는 경우가 점점 많아지고 있다. 법정 의무교육 과정의 실시 여부·횟수·시수·결과 보고 등은 학교 교육과정 운영의 자율성을 제한하는 문제를 야기한다. 이로 인해 창의적 체험활동 시간 중에 기본적인 학교 행사 활동이나 동아리 활동을 제외한 나머지 창의적 체험활동 시간이 범교과 학습으로 채워지면서 실제로 창의적 체험활동 시간을 학교의 특성이나 학생들의 요구에 부합하는 시간으로 활용할 수 없다는 지적이 많았다.

2022 개정 교육과정에서는 범교과 학습 주제를 교과 및 창의적 체험활동과 실질적으로 연계하여 활용할 수 있도록 교과 교육과정을 개선하였다. 범교과 학습 주제를 창의적 체험활동보다 교과 과목과 연계하여 지도하는 것을 우선으로 한다면 실질적인 창의적 체험활동 시수를 확보하는 데 도움이 될 것으로 기대한다.

용어의 의미

☑ 범교과 학습

범교과 학습은 사회 변화에 따라 제기되는 국가·사회적 요구와 미래 사회를 대비하기 위하여 학습자에게 필요하고 요구되는 것으로, 단일 교과 차원을 넘어서서 여러 교과에 걸쳐 교수되어야 할 교육 내용을 말한다(한국교육과정평가원, 2009: 34).

☑ 범교과 학습 주제

범교과 학습 주제는 일반적으로 학생들이 꼭 습득해야 하는 중요한 주제이지만 특정 교과에서 다루기 어렵거나, 어느 영역에 포함되어 있더라도 교육의 전 영역에서 광범위하게 다룰 필요가 있는 주제라고 볼 수 있다.

2015 개정 교육과정 vs 2022 개정 교육과정의 범교과 학습

2022 개정 교육과정에서는 범교과 학습 주제를 교과에 통합하거나 정규 교육과정에서 소화할 수 있도록 하는 등 범교과 학습 주제를 줄이려는 시도를 하였다. 하지만 개정의 과정에서 최종 반영이 되지 않고, 기존 범교과 학습 주제 10개를 그대로 유지하게 되었다. 하지만 2015 개정 교육과정과는 다르게 2022 개정 교육과정은 각 교과 교육과정에 범교과 학습 주제와 관련된 내용을 직접 반영하였고 교과 및 창의적 체험활동과 연계하여 체계적·실효적 학습이 가능하도록 개선하였다. 2015 개정 교육과정에서는 총론 및 국어, 실과 교육과정 속에 범교과 학습 주제와 연계한다는 내용이 나와 있지만 2022 개정 교육과정에서는 대부분의 교과 교육과정 속에 범교과 학습 주제와 연계하여 진행할 수 있도록 명시되어 있다.

교육부는 교육과정을 운영하는 학교의 자율성을 보장하고, 교육 체계의 운영 부담을 경감하기 위해 적극 행정을 실시하였다. 법정 의무교육에 관한 법령을 개정하려는 경우, 교육 실시·시수·횟수·결과 보고 등에 대한 규정을 국가교육위원회와 협의하는 조항을 새로 추가하였다.

> 「초·중등교육법」 제23조의 2(교육과정 영향 사전 협의)
> 중앙행정기관의 장은 제23조에 따른 교육과정에 소관 법령에 따라 교육실시, 교육횟수, 교육시간, 결과보고 등이 의무적으로 부과되는 법정교육을 반영하는 내용의 법령을 제정하거나 개정하려는 경우에는 사전에 국가교육위원회와 협의하여야 한다.

이는 학교 교육과정 자율성을 침해하지 않기 위한 개선 사항이다. 앞으로는 학교 교육과정의 자율성을 유지하면서, 범교과 학습 주제와 별도로 외부로부터의 요구로 인한 부담을 줄여 줄 것으로 기대된다.

📑 2022 개정 교육과정 총론과 각론의 범교과 학습

☑ 총론에 반영된 범교과 학습

2022 개정 교육과정 총론에서 Ⅲ. 학교급별 교육과정 편성·운영의 기준 중 1. 기본 사항에는 범교과 학습 주제와 범교과 학습 주제를 어떻게 다루고 지도하여야 하는지 명시하고 있다. 내용은 다음과 같다.

> 자. 범교과 학습 주제는 교과와 창의적 체험활동 등 교육활동 전반에 걸쳐 통합적으로 다루도록 하고, 지역 사회 및 가정과 연계하여 지도한다.
>
> 안전·건강 교육, 인성 교육, 진로 교육, 민주시민교육, 인권 교육, 다문화 교육, 통일 교육, 독도 교육, 경제·금융 교육, 환경·지속 가능 발전 교육

☑ 교과 교육과정에 반영된 범교과 학습

2022 개정 교육과정의 성취기준 해설, 성취기준 적용 시 고려 사항, 교수·학습의 방향, 평가 등 다양한 영역에서 범교과 학습 주제와 교과 및 창의적 체험활동을 연계할 수 있도록 나타내었다. 거의 모든 교과의 교수·

학습 방향에 범교과 학습 주제와 연계하여 지도하라는 내용이 담겨 있다. 몇 가지 예시를 소개하면 다음과 같다.

- **통합교과**

- 성취기준 적용 시 고려 사항
[2바03-02] 계절이나 날씨의 특징 등을 다루면서 **범교과 주제인 환경·지속 가능 발전 교육을 연계할 수 있고** 생태전환교육도 고려할 수 있다.

- 교수·학습의 방향
(카) 바른 생활과 교수·학습은 언어 소양, 디지털 소양과 더불어 **안전·건강 교육, 인성 교육, 진로 교육, 민주시민교육, 인권 교육, 다문화 교육, 통일 교육, 독도 교육, 환경·지속 가능 발전 교육 등의 범교과 학습 주제를 연계하여 계획할 수 있다**(슬기로운 생활, 즐거운 생활 동일).

- **수학**

- 교수·학습의 방향
(사) 수학 교수·학습에서 **범교과 학습 주제(안전·건강, 인성, 진로, 민주시민, 인권, 다문화, 통일, 독도, 경제·금융, 환경·지속 가능 발전 등)를 현상이나 소재로 선택하여 활용할 수 있다.**
- 교수·학습 방법
(마) **범교과 학습 또는 타 교과와의 연계를 고려**하여 수학 교수·학습 과정을 설계할 수 있다.
① **범교과 학습 주제에 관심을 갖고 각종 자료와 정보를 수집**하여 수학적으로 분석 및 해석하게 하고, 수학적 분석 결과에 근거하여 토의와 토론에 참여하게 한다.
② 가정, 학교, 지역사회와의 연계나 타 교과와의 연계를 고려하여 **범교과 학습 주제에 대한 프로젝트를 수행**할 수 있다.

또한 창의적 체험활동보다 교과 교육과정에서 우선하여 범교과 학습 주제를 다룰 수 있도록 명시해 두었다.

• **창의적 체험활동 교육과정**

> • 설계의 원칙
> (3) 설계·운영의 자율성 확보
> **범교과 학습 주제의 경우 관련 있는 교과 교육과정에서 우선하여 교육하고 필요시 창의적 체험활동에서 다루도록 한다.** 계기 교육을 창의적 체험활동을 통해 실시할 경우, 강의식이나 지식 전달 위주의 수업 방식이 아닌 학생 중심의 창의적 체험활동 교육과정 운영이 될 수 있도록 한다.

수업 활용 방안

☑ 성취기준과 연계한 범교과 학습 주제 지도

2022 개정 교육과정에 반영된 범교과 학습 주제를 교과 교육과정 속에서 지도하기 위해 우선 범교과 학습 주제를 교과 성취기준과 연계하여 체계화할 필요가 있다. 새 학기 준비 기간을 활용하여 교육과정을 분석하고 범교과 학습 주제와 관련이 있는 성취기준을 인지한다면 범교과 학습 주제를 교과 교육과정 속에서 효과적으로 지도할 수 있을 것이다.

교과 교육과정에서 범교과 학습 주제를 다루기 위해 필요한 것이 성취기준-범교과 주제 맵핑 자료이다. 이 자료는 몇 해 지나지 않아 연구 기관에서 개발하여 보급할 것으로 예상된다. 개발된 자료를 활용하는 것도 중요하지만,

성취기준과 범교과 학습의 연계성에 관심을 갖고 수업을 설계할 때 주도적으로 범교과 학습과의 연계성을 찾아낼 수 있는 수업 설계 안목이 필요하다.

* 2022 개정 교육과정 성취기준-범교과 학습 주제 맵핑 자료 예 *

성취기준	성취기준	안전·건강교육	인성교육	진로교육	민주시민교육	인권교육	다문화교육	통일교육	독도교육	경제·금융교육	환경·지속가능발전교육
2바01-01	학교생활 습관과 학습 습관을 형성하여 안전하고 건강하게 생활한다.	●			●						
2바01-02	나를 이해하고 존중하며 생활한다.			●							
2바01-03	가족이나 주변 사람을 배려하며 관계를 맺는다.		●								
2바01-04	생태 환경에서 더불어 살기 위해 노력한다.										●
2바02-02	우리나라의 소중함을 알고 사랑하는 마음을 기른다.							●			
2바02-03	차이나 다양성을 서로 존중하면서 생활한다						●				
2슬01-03	가족이나 주변 사람에게 관심을 갖고 함께 살아가는 모습을 탐구한다.					●	●				
2슬02-01	우리가 살고 있는 마을과 사람들이 생활하는 모습을 살펴본다.			●	●					●	
2슬02-02	우리나라의 모습이나 문화를 조사한다.							●	●		
2슬03-04	우리의 생활과 관련된 지속 가능성의 다양한 사례를 찾고 탐색한다.	●			●						●
2슬04-04	배운 것과 배울 것을 연결하며 앞으로의 배움을 상상한다.	●		●							
2즐01-01	즐겁게 놀이하며, 건강하고 안전하게 생활한다.	●	●								
2즐02-03	다른 나라의 문화 예술을 체험한다.	●					●				
2즐03-04	안전과 안녕을 위한 아동의 권리가 있음을 알고 누린다.					●					
2즐04-03	생각이나 느낌을 살려 전시나 공연 활동을 한다.				●						

☑ 범교과 학습 주제 중심 프로젝트 수업 운영

　범교과 학습 주제와 관련되어 있는 교과별 성취기준, 내용 요소 등을 분석하여 범교과 학습 주제를 중심으로 프로젝트 수업을 진행할 수 있다. 또한 학생의 흥미·관심, 지역의 교육 여건 등을 고려한 뒤 범교과 학습 주제를 교과와 연계하여 수업을 재구성할 수도 있다. 위와 같은 방법을 활용한다면 범교과 학습 주제를 교과 내에서 통합적으로 지도할 수 있을 것이다.

　범교과 학습 주제 중 환경·지속 가능 발전 교육을 중심으로 프로젝트 수업을 계획한 예시를 제시하면 다음과 같다.

＊ 프로젝트 주제: 지속가능한 우리나라 ＊

성취 기준	[6사12-02] 지구촌을 위협하는 다양한 문제들을 파악하고, 지속가능한 미래를 위한 해결 방안을 탐색한다. [6과08-02] 재생에너지의 종류를 조사하고, 에너지를 지속 가능하게 이용하는 방법에 관심을 갖는다. [6실02-04] 식재료 생산과 선택의 중요성을 인식하고 여러 식재료의 고유하고 다양한 맛을 경험하여 자신의 식사에 적용한다. [6도04-02] 지속가능한 삶의 의미를 탐구하고 미래 세대에 대한 책임을 강화하여 자연의 다양성을 존중하고 생산성을 유지할 수 있는 미래를 위한 실천 방안을 찾는다. [6국01-05] 자료를 선별하여 핵심 정보를 중심으로 내용을 구성하고 매체를 활용하여 발표한다.

	차시	수업 활동	관련 교과	범교과 주제
범교과 학습 주제와 연계한 수업 활동	1	• 세계 여러 나라의 경제 성장 과정에서 나타난 환경 파괴 문제 알아보기	사회	환경, 지속 가능 발전 교육
	2	• 지구촌의 물 부족으로 인한 갈등 사례와 그 해결 방안을 탐색하여 표현하기	도덕	
	3~4	• 재생에너지의 필요성과 중요성을 이해하고, 태양광 에너지로 움직이는 장난감 만들어 보기	과학	
	5	• 친환경 농법과 동물 복지·무항생제 축산 등의 방법으로 농축산물을 생산하는 과정 알아보기	실과	
	6	• 생물 다양성 보전을 위한 필요성을 이야기하고, 생물 다양성 변화를 그래프로 나타내고 해석하기	도덕 수학	
	7~8	• 지구촌에 나타나는 여러 문제와 지속가능한 발전을 위해 우리가 실천할 수 있는 일을 알리는 자료 제작하기	도덕 미술	
	9	• 지속가능한 발전을 위해 우리가 실천할 수 있는 일을 알리는 자료 홍보 및 발표하기	국어	민주시민 교육

📋 적용 유의점

교사는 국가 수준 교육과정에서 제시된 성취기준이 범교과 학습 주제를 상당 부분 포함하고 있다는 점을 인식해야 한다. 범교과 학습 주제는 교과 간 경계를 넘어서는 통합적인 학습 활동으로, 학생들이 삶 속에서 문제를 해결할 수 있는 능력을 기르도록 돕는다. 따라서 교사가 이러한 점을 인식하고 성취기준과 범교과 학습 주제를 연계하여 교육과정을 운영한다면, 범교과 학습을 위한 별도의 창의적 체험활동 시수를 사용할 필요가 없으며, 중복 지도를 방지할 수 있다.

또한 교과진도표를 작성하는 과정에서 성취기준과 범교과 학습을 함께 고려하는 것이 중요하다. 성취기준을 분석하고 어떤 범교과 학습 주제와 연계되어 있는지를 파악하는 과정을 통해 성취기준과 범교과 학습을 조화롭게 통합할 수 있을 것이다. 이를 위해서는 교사가 성취기준을 살펴보고 어떤 범교과 학습 주제와 연계되어 있는지 분석할 필요가 있다.

끝으로 성취기준과 범교과 학습 주제를 효과적으로 연계하고 이를 교육과정에 적용할 수 있는 자료가 교육 현장에도 보급되어야 한다. 이러한 자료가 현장에 보급되어 교사들이 성취기준과 범교과 학습 주제를 연계한 교육과정을 운영할 수 있도록 돕는다면, 학생들이 범교과 학습 주제를 보다 효과적으로 학습할 수 있을 것이다.

참고 자료

교육부(2019), 범교과 학습 주제와 교과 교육과정 연결 맵
강현석 외(2014), 교육과정 개정에서 범교과 학습 주제의 교육과정 적용 방안 연구

범교과 학습

정보 교육

 개정의 배경

2022 개정 교육과정에서 2배로 시수가 늘어난 영역이 있다. 다른 교과는 성취기준 수를 줄이고 여유 시수를 확보하는 등의 대강화 과정이 있었지만 이 영역만큼은 시수와 내용의 증감 비율로 보면 흐름에 역행하는 것만 같다. 바로 정보 교육이다. 기존 5~6학년 실과에서 17시간을 이수하던 것을 이제는 34시간 이상 편성·운영해야 한다. 중요성이 늘어난 만큼 부담도 함께 따라왔다. 이유가 뭘까?

첫 번째는 급격한 사회 변화다. 기술의 빠른 변화가 사회 전반의 혁신을 주도하는 가운데 불확실성과 복잡성이 급격히 증가하고 있다. 인공지능, 빅데이터, 블록체인 등 기술과 정보의 변화가 산업 분야를 휘젓고 있다. 자연스레 우리 학생들이 갖는 미래 직업과 삶에 상당한 영향을 끼치게 된다. 이는 세계적으로는 비슷한 흐름을 나타내며 특히, 미국, 영국, 인도, 일본, 중국은 국가 차원에서 인공지능, 소프트웨어 등 정보 관련 분야에 대한 교육 정책을 구상하고 있다.

두 번째는 교육과정의 변화다. 정부는 미래 교육 전환을 위한 정책 과제를 통해 미래 사회를 준비하기 위한 역량 함양, 학생의 주도성 신장, 지역과 학교의 교육과정에 대한 자율성 확보와 더불어 디지털과 인공지능의 발달로 인한 교수·학습의 변화에 적극적으로 대처하는 것을 교육과정의 주요 과제로 삼았다. 디지털 전환 교육의 방향성을 제시한 것이다. 이에 따라 정보 교육은 시수와 내용이 강화되어 2022 개정 교육과정에 반영되었다. 교육과정의 변화는 2024년 초등학교 1~2학년을 시작으로 현장에서 본격적으로 실행되는 만큼 미래 10년을 준비하는 마음으로 정보 교육은 도입되었다.

지금의 교사들은 과거 정보 시간에 컴퓨터실에 모여 컴퓨터 조작 방법이나 한글, 엑셀, 파워포인트 등을 사용하는 방법을 주로 배웠다. 하지만 요즘은 어떤가? '코딩'이란 낯선 용어를 중심으로 SW(소프트웨어)와 AI(인공지능) 융합 교육을 배우는 시대가 된 것이다. 이러한 변화의 흐름에 맞게 정보 교육은 확대되고 있다.

📑 용어의 의미

☑ 정보 교육

컴퓨터와 수학, 과학, 공학 등의 다양한 학문 분야와 관련된 정보 처리 과정을 가르치는 교육, 즉 컴퓨터를 다양한 분야에서 잘 활용할 수 있게 지도하는 교육을 말한다(네이버 어학사전).

☑ 정보 교육과 디지털 소양과의 관계

디지털 소양은 전 교과를 통해 학습하게 되며 학습의 기반이 되는 요소로 2022 개정 교육과정에 새롭게 설정되었다. 이때 정보 교육은 디지털 소양을 집중적으로 학습할 수 있는 영역으로 효과적인 디지털 소양 교육의 핵심이다. 정보 교육은 모든 교과에서 이루어지지만 특히 실과 5~6학년의 정보 영역에 집중적으로 다룬다. 예컨대 한글 문해력은 모든 교과를 통해 함양되지만 특히 국어과가 핵심적인 역할을 담당하고 있는 것과 같다.

디지털 기초 소양과 정보 교육이 교과 교육과정에 어떻게 반영되었는지 교육부 발표 자료를 통해 간단히 살펴보자.

* 디지털 소양 중 SW, AI 원리 학습 및 교과 수업과의 연계 활동 예시 *

SW, AI 원리 학습			
① 추상화	② 패턴 찾기	③ 알고리즘	④ 프로그래밍
문제 상황에서의 핵심 요소 파악하기	자연현상 등 반복되는 일정 경향과 규칙성 탐색하기	핵심 원리를 이용한 문제 해결 절차 구성하기	컴퓨터 도구를 사용하여 해결 과정 프로그래밍하기

교과 수업과 연계 활동			
① 핵심 요소 추출	② 규칙성 발견	③ 문제 해결 절차	④ 프로그래밍 활용
[수학] 자릿수가 다른 사칙연산 [과학] 서식 환경, 구조, 특성 파악 [음악] 작품 속 주제 파악	[수학] 사칙연산 속 규칙성 찾기 [과학] 생물의 공통 및 차이점 찾기 [음악] 작품 주제에 따른 음계 찾기	[수학] 사칙연산 문제 해결 전략 [과학] 과학적 탐구 절차 이해 [음악] 다양한 음계 연결 짓기	[실과] 다양한 사례 활용 코딩하기 [수학] 공학 도구를 활용한 사칙연산 [과학] 동·식물 분류 프로그래밍 [음악] 음계 코딩을 통한 작품 만들기

정보 교육을 통해 길러 주고자 하는 컴퓨팅 사고력이나 창의적이고 비판적인 사고력, 논리적 사고력, 문제 해결 능력 등은 사실 다양한 교과 교육과정 속에 반영되어 있다. 우리는 정보 교육이 시시각각 새롭게 등장하는 성능 좋은 프로그램 사용 방법을 익히는 것이나 특정 플랫폼을 활용하는 역량을 기르는 게 아님을 알고 교과와 연계하여 풀어낼 수 있는 안목을 갖출 필요가 있다. 이미 교과 교육과정 속에는 미래 세대 핵심역량으로, 디지털 기초 소양으로 함양하고 교실 수업 개선 및 평가 혁신과 연계하는 내용이 반영되어 있기 때문이다.

* 교과에 반영된 정보 교육 *

[국어] '디지털·미디어 역량' 및 매체 영역 신설
[사회] 지리·정보와 매체 활용, 미디어 메시지 분석과 생산, 디지털 금융 서비스
[과학] 데이터의 이해와 활용, 디지털 탐구 도구의 이해와 활용
[기술·가정] 디지털 생활환경과 자원 관리
[미술] 디지털 매체를 포함한 다양한 재료와 방법 등을 활용한 이미지 구현

2015 개정 교육과정 대비 vs
2022 개정 교육과정의 정보 교육

구분	2015 개정 교육과정	2022 개정 교육과정
편성 및 시수	• 실과 교과 내용에 SW 기초 소양 교육 편성 • 실과 정보 영역 17시간	• 모든 교과교육을 통한 디지털 기초 소양 함양 • 5~6학년에서 실과+학교자율시간 등을 활용하여 34시간 이상 편성
학습 영역의 변화	• 기술 시스템(소통) • 기술 활용(혁신)	• 지속가능한 기술과 융합 • 디지털 사회와 인공지능
핵심 내용	• 컴퓨터의 개념과 역할 • 정보 검색과 활용 • 멀티미디어 제작 • 프로그래밍 기초	• 컴퓨터와 소프트웨어 • 정보 검색과 활용 • 코딩 교육 • 로봇과 인공지능

초등학교에서는 2015 개정 교육과정과 마찬가지로 정보 교육은 실과(기술·가정) 과목의 단원으로 존재하며, 기존 2015 개정 교육과정에서는 기술 시스템 영역에서 소프트웨어와 프로그래밍, 절차적 문제 해결을, 기술 활용 영역에서는 개인 정보와 지식 재산 보호에 대해 다루고 있다.

2022 개정 교육과정에서는 실과(기술·가정) 과목의 '지속가능한 기술과 융합' 영역에서 디지털 콘텐츠 제작과 로봇 코딩에 대해 학습하고 '디지털 사회와 인공지능' 영역에서는 컴퓨터 프로그래밍, 문제 해결 절차, 데이터 및 생활 속 인공지능에 대해 다루고 있다. 이러한 내용들은 초등학교 5~6학년에서 학습되며, 그중 '디지털 사회와 인공지능' 분야는 정보 교육 17차시에 해당하는 내용이고, 이 영역은 중학교 1~3학년 정보 교과와 연계되어 있다.

☑ 디지털 소양 학교급별 내용 체계

2022 개정 교육과정에서는 교실에서 디지털 소양 교육 내용의 구체적인 방향을 설정할 수 있도록 내용체계표가 개발되었다. 2022 개정 정보과 교육과정 시안(최종안) 개발 연구에 포함된 내용을 소개한다.

초등학교에서는 학습자의 생활 주변에서 마주하는 친숙한 소재를 활용한 활동으로 디지털 소양을 함양할 수 있도록 하였다. 초등학교 1~2학년의 경우, 소프트웨어의 활용, 인공지능의 활용, 디지털 콘텐츠, 디지털 정보 보호와 같이 해당 학교급에서 학습하기 어려운 내용은 내용 요소로 포함하지 않았다.

디지털 소양의 내용 체계는 초·중학교의 각 교과 교육과정에 직·간접적으로 반영할 수 있도록 하였다. 즉, 교과별 교육과정 특성에 맞게 성격과 목표, 내용 체계, 성취기준, 교수 학습 및 평가에 반영하여, 전 교과 교육에서 디지털 소양 교육이 효과적으로 적용될 수 있도록 하는 것이 좋다.

* 디지털 소양 학교급별 내용 체계 최종안 *

대영역	세부 요소	세부 요소 설명	학교급별 내용 요소		
			초등 1~2	초등 3~4	초등 5~6
디지털 기기와 소프트웨어의 활용	디지털 기기의 활용	디지털 기기를 조작하는 데 필요한 기본 원리와 기능을 이해 및 활용한다.	· 생활 주변에서 다양한 디지털 기기를 체험한다. · 디지털 기기 및 키보드, 마우스 등 주변 장치를 바른 자세와 방법으로 사용한다.	· 생활 속 디지털 기기의 다양한 활용 가능 사례를 탐색한다.	· 활용 목적에 따라 간단한 주변 장치(마이크, 웹캠 등)와 함께 디지털 기기를 활용한다.
	소프트웨어의 활용	소프트웨어의 기본 원리와 기능을 이해하고 다양한 작업에서 소프트웨어를 활용한다.		· 필요한 작업에 적절한 APP 등 간단한 소프트웨어를 찾아 디지털 기기에 설치하고 활용한다.	· 스프레드시트 등 소프트웨어를 활용하여 데이터를 입력하고 필요한 계산을 수행한다. · 워드프로세서, 프레젠테이션 툴 등의 간단한 기능을 활용하여 주제를 표현한다.
	인공지능의 활용	다양한 문제 해결 과정에 인공지능 기술이 탑재된 도구를 활용한다.		· 우리 주변 실생활 속 인공지능을 활용한 서비스, 기기 등을 탐색하거나 경험한다.	· 인공지능 서비스, 기기 등을 활용하여 필요한 정보를 탐색한다.
디지털 정보의 활용과 생성	자료의 수집과 저장	사용 목적을 고려해 자료를 수집하고, 비판적 시각으로 정확성을 평가하여 효율적으로 저장·관리한다.	· 우리 주변의 실생활 등에서 문자, 숫자, 이미지, 소리 등 다양한 유형의 자료를 탐색한다. · 인터넷 등을 이용하여, 디지털 미디어 콘텐츠에 접근한다.	· 우리 주변의 실생활 등에서 다양한 방법으로 필요한 각종 자료를 수집한다. · 다양한 방법으로 수집한 자료를 디지털 기기 등에 저장한다.	· 디지털 기기 등을 활용하여 다양한 종류의 자료를 효율적으로 수집한다. · 다양한 방법으로 수집한 자료를 디지털 기기 등을 활용하여 관리한다.
	정보의 분석과 표현	정보를 효과적으로 전달하기 위해 데이터를 분석, 종합, 시각화한다.	· 놀이 활동을 통해 다양한 방법(색, 그림, 기호 등)으로 자료를 표현한다.	· 여러 자료를 특성에 맞게 간단한 표 또는 그래프로 표현한다.	· 수집된 자료를 소프트웨어 등을 활용해 시각화하여 표현한다.
	디지털 콘텐츠 생성	디지털 미디어를 통해 제공될 수 있는 다양한 유형의 콘텐츠를 생성한다.		· 텍스트, 이미지, 소리의 디지털 콘텐츠를 생성(텍스트, 이미지, 소리 등)한다.	· 텍스트, 이미지, 소리 등의 디지털 콘텐츠를 활용한 새로운 콘텐츠를 생성한다.

디지털 의사소통과 문제 해결	디지털 의사 소통	디지털 환경에서 정보를 비판적으로 분석하고, 정보 공유, 의사결정 참여 협업을 수행한다.	· 모바일 메신저를 이용하여 다른 사람과 의사소통한다.	· 자신의 의견을 온라인 커뮤니티에 게시한다. · 온라인 수업 플랫폼을 활용하여 원격 수업에 참여한다.	· 디지털 콘텐츠를 소셜 네트워크 서비스(SNS)에 공유하고 댓글로 소통한다. · 이메일을 사용하여 정보를 교환한다.
	디지털 문제 해결	문제 해결 방안을 구안하고, 디지털 도구를 활용하여 실행한다.	· 실생활 속 자연 현상 등에서 단순한 규칙을 찾는다.	· 실생활 속 자연 현상 등의 문제 해결 상황에서 다양한 규칙성을 찾아 설명한다. · 규칙에 따라 문제 해결 순서를 정한다.	· 디지털 기술을 활용하여 해결 가능한 형태로 문제를 표현한다. · 문제 해결 절차를 간단한 프로그램으로 구현한다.
디지털 윤리와 정보 보호	디지털 윤리	디지털 사회의 성숙한 시민으로서 타인을 배려하고, 예절과 윤리를 실천한다.	· 사이버 공간에서 지켜야 할 디지털 예절을 실천한다.	· 디지털 과의존을 예방하기 위한 방안을 계획하고 실천한다.	· 정품 소프트웨어 사용의 중요성을 이해하고 바르게 사용한다. · 디지털 저작물의 출처를 밝히고 활용한다. · 사이버 폭력의 위험성을 인식하고, 예방하는 방법을 실천한다. · 인공지능을 올바르게 사용하는 방법을 알고, 생활 속에서 실천한다.
	디지털 정보 보호	자신과 타인의 정보를 보호하기 위한 방법을 실천한다.		· 생활 주변에서 개인 정보를 찾아보고, 개인 정보 보호의 중요성을 인식한다.	· 개인 정보의 뜻과 종류를 이해하고, 개인 정보의 보호 방법을 실천한다.

적용 유의점

① 학교자율시간을 반드시 정보 교육에 배정할 필요는 없다

학교자율시간은 학생들이 주도성을 발휘하여 설계하고 적용하는 교육과정의 빈 공간으로 남겨 둘 필요가 있다. 무턱대고 증가된 17시간을 정보 교육에 배정한다는 것은 본 취지와 다르게 운영되는 것이다. 필요하다면 의견을 수렴하여 학생들이 스스로 그 시간에 코딩이나 인공지능 관련 주제로 탐구 활동을 할 수도 있겠지만, 교육과정 편성을 쉽게 하기 위해 의사결정권을 가진 누군가의 임의대로 정보 교육으로 배정하는 건 바람직하지 않다. 그렇다면 늘어난 정보 교육 시수 17시간은 어떻게 편성·운영하면 좋을까?

≫ 창의적 체험활동 시수를 증배하여 정보 교육 시수에 배정하기

이번 개정 교육과정에는 교과와 창의적 체험활동 간 증감이 가능해졌다. 교과의 일부 시수를 감축하여 창의적 체험활동 중 자율이나 동아리 영역 시수를 확대하고 이를 활용하여 정보 교육 시간을 확보할 수 있다. 이때 확보된 시수는 기존 실과에 배정된 정보 교육 시수와 연계하거나 별도의 과목처럼 집중적으로 편성할 수 있으며 이 경우 기존에 개발되어 보급된 장학 자료나 교재를 활용하여 운영할 수 있다.

≫ 교과와 연계한 프로젝트 수업이나 재구성된 수업 중 분산하여 넣기

5~6학년군 정보 교육은 반드시 실과 교과에서만 이루어질 필요는 없다. 다른 교과와 연계한 수업 활동 중에서도 정보 교육은 이루어질 수 있다. 또한 모든 학년에서 필수로 34시간을 이수해야 하는 것이 아니며 적용 범위도 반드시 5~6학년으로 제한할 필요가 없다. 추가된 17시간을 각 학년 발달 단계를 고려하여 분배한다면 5~6학년에서 이수해야 할 정보 교육 시수 부담은 경감될 수 있다.

* 정보 교육 34시간의 분산 편성 예 *

3학년 4시간	4학년 4시간	5학년 17시간	6학년 9시간	
교과 연계 정보 교육	교과 연계 정보 교육	실과 정보 교육	교과 연계 정보 교육	➤ 정보 교육 34시간

정보 교육

예컨대 다양한 교과 연계 프로젝트를 수행하는 과정에서 정보 교육과 관련된 활동은 필수적으로 포함되어 있다. 디지털 소양 교육 내용체계표에 근거하면 5~6학년의 경우 사이버 폭력 예방 방법이나 주변 디지털 기기의 활용, 디지털 기기를 활용한 자료 수집, SNS를 활용한 정보 공유나 소통 등도 정보 교육의 영역에 포함된다. 프로젝트 수행 과정에서 이러한 활동은 자주 등장하게 된다. 프로젝트의 진행 과정에서 필연적으로 구성되는 이러한 활동을 기존에는 정보 교육 시수로 포함하지 않고 별도의 시간을 이용했거나 다른 교과의 시수로 편성했다면, 앞으로는 프로젝트 과정에서 포함된 정보 교육과 관련된 시수를 추출하여 시수에 산입한다면 큰 부담이 없을 것이다.

* 교과 연계 수업 속 정보 교육 예시 *

우리 동네 탐구 프로젝트

〈프로젝트 내 정보 교육〉
디지털 기기를 활용한 우리
동네 상점 분포 조사

학기 초 적응 프로젝트

〈프로젝트 내 정보 교육〉
사이버 폭력의 위험성을 알고
SNS에서 친구와 소통하는
방법 알기

≫ 학교자율시간을 활용하기

끝으로 학교자율시간을 활용하여 정보 교육 시수를 확보하고 운영할 수도 있다. 다만 이때는 앞에서도 다룬 것처럼 학생이 주도적으로 탐구하고 설계하여 실제 문제 상황에 적용할 수 있는 열린 형태의 수업을 구성하는 게 좋다. 학교자율시간의 도입 취지답게 운영하자는 것이다. 이를 교과의 연장선이나 방과 후 수업처럼 정해진 교재와 프로그램을 통해 학생들이 수동적으로 학습하는 형태는 지양했으면 하는 바람이다.

* 학교자율시간을 활용한 정보 교육 편성 예 *

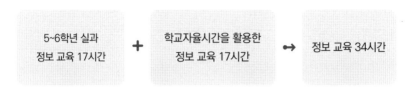

※ 학교자율시간에 정보 교육을 적용할 학년은 자율적으로 선택 가능

② 정보 교육은 디지털 기기 사용 교육이 아니다

정보 교육에서 디지털 기기 사용 교육은 일부에 불과하다. 구글 시트, 동영상 편집 프로그램, 코딩 프로그램 등 다양한 최신 앱과 프로그램을 단지 '사용'하는 기술을 가르치는 데 집중하는 건 지양해야 한다. 그러한 도구들이 실제 수업의 목표와 목적에 맞게 활용될 수 있도록 하는 데 초점을 두어야 한다. 학생들이 실제 사회에 나갈 때쯤에는 이러한 소프트웨어는 전부 사라지고 또 다른 무엇인가가 그 자리를 대체하고 있을 것이기 때문이다. 정보 교육을 통해 배운 기능과 원리를 실제 삶에서 문제를 해결하는 데 활용할 수 있도록 수업을 설계하고 이에 적합하게 가르침과 배움의 초점을 두기 위해 끊임없이 노력해야 한다.

최근 학교에서 태블릿 PC, 스마트폰 등 디지털 기기를 활용한 수업이 확산하는 가운데, 이런 추세에 제동을 걸고 있는 나라가 늘고 있다. 디지털 기기가 수업 분위기를 해칠 뿐 아니라 읽기 능력 등 기초 학력 저하를 유

정보 교육

발한다는 우려가 스웨덴, 캐나다, 네덜란드 등의 학계에서 제기되면서 지나친 디지털화를 멈춰 세운 것이다. 정보 교육은 꼭 필요하다. 하지만 부작용도 여전하다. 특히 초등학교 학생들의 발달적 특징과 성향을 고려하여 최신 디지털 기기나 플랫폼 사용 능력 향상에 초점을 맞추기보다 본질적인 논리적, 절차적 사고력과 문제 해결력 함양에 중점을 둔다면 부작용은 줄이고 학습 효과는 증대시킬 수 있을 것이다.

참고 자료

오수연(2023), 2015 개정과 2022 개정 정보 교과 교육과정 비교연구
김자미(2022), 2022 개정 정보과 교육과정 시안(최종안) 개발 연구

나는 경상남도교육청에서 개최한 개정 교육과정 포럼에 참석했었다. 두 번의 포럼 참석으로 교육공동체 고유의 역할이 중요하다는 생각을 하게 되었다. 더불어 2022 개정 교육과정이 현장에서 잘 실현되기 위해서는 어떠한 의도로 개정되었으며, 중점 내용이 각 교과 교육과정에 어떻게 반영되었는지 이해하는 것이 무엇보다 중요하다는 사실을 깨닫게 되었다.

2022 개정 교육과정 중 2015 개정 교육과정과 크게 차이가 없는 부분도 있고, 새롭게 도입되는 부분도 있다. 새로운 것의 등장은 설레기도 하지만 낯설고 두렵다. 7년 차 교사인 내가 2022 개정 교육과정을 읽으며 처음 든 감정이다. 현장에서 많은 교사도 비슷한 감정을 느낄 것이라 생각한다. 2024년부터 1~2학년군에 적용될 때, 동료 교사들이 보다 쉽게 2022 개정 교육과정을 이해하고, 친숙하게 다가갈 수 있길 바라는 마음으로 교사의 관점에서 이해하고, 분석한 내용을 담아 선배 교사들과 함께 책을 쓰게 되었다.

책을 쓰는 과정에서 많은 것을 배웠다. 내가 궁금해하던 내용을 조사하고 공부하고 정리한 내용이 한 권의 책이 되었다. 이 책이 나뿐만 아니라 많은 동료 교사에게도 2022 개정 교육과정에 대한 이해를 도와주고, 교육과정 문해력을 신장시켜 주는 책이 되길 소망한다.

장유초등학교 교사 이지은 드림

키워드로 잡는
2022 개정 교육과정

1판 1쇄 발행 2023년 12월 29일
1판 2쇄 발행 2024년 05월 31일

저자 김현우 옥진엽 박미연 김보현 이지은 백준호 김진선

편집 문서아 **교정** 주현강 **마케팅·지원** 김혜지

펴낸곳 (주)하움출판사 **펴낸이** 문현광

이메일 haum1000@naver.com **홈페이지** haum.kr
블로그 blog.naver.com/haum1000 **인스타그램** @haum1007

ISBN 979-11-6440-486-5 (03370)